Deutschbuch

Arbeitsheft 5

Lösungen

Cornelsen

Schreiben

Erzählen

Seite 4

1 a Folgender Satz in der Einleitung fesselt die Leser:
Wenn wir gewusst hätten, wie die Nacht enden würde, hätten wir uns sicher nicht die Mühe gemacht, unsere drei Betten herzurichten.

Seite 5

1 c **treffende Verben:** z. B.: warnte (Z. 9), behauptete (Z. 10), aufgeschrien (Z. 16), zum Schweigen gebracht (Z. 17), kuschelten (Z. 18), lauschten (Z. 19), tappte (Z. 20), kriechen (Z. 23), ertastet (Z. 23)

anschauliche Adjektive: z. B.: spannend (Z. 12), gruselig (Z. 12), unheimlich (Z. 13, 18), mutig (Z. 21)

Gedanken und Gefühle: z. B.: Zu dritt in einem Mädchenzelt, das war eine tolle Aussicht! (Z. 2–3)
Ich war da nicht so sicher, wollte aber kein Spielverderber sein. (Z. 11–12)
Die Geschichten waren nicht nur spannend, sondern auch ziemlich gruselig und unheimlich. (Z. 12–13)
Ich hätte beinahe aufgeschrien vor lauter Schreck … (Z. 16)
„… Mir ist so unheimlich zumute." (Z. 18)
War das wirklich nur der Wind? Was tappte da über den Boden? (Z. 19–20)

wörtliche Rede: z. B.: „Ich will hinterher keine Klagen hören, dass ihr vor lauter Angst nicht schlafen konntet." (Z. 9–10)
„Wir sind doch keine Babys mehr!" (Z. 11)
„Darf ich mit in dein Bett? Mir ist so unheimlich zumute." (Z. 18)

Spannungsmelder: z. B.: Da lachte Johanna noch und behauptete: „Wir sind doch keine Babys mehr!" Ich war da nicht so sicher, wollte aber kein Spielverderber sein. (Z. 10–12)
Trotzdem lachten die anderen mich aus, als ich vorsichtshalber vor dem Zu-Bett-Gehen unter meine Liege schaute. (Z. 13, 14)
War das wirklich nur der Wind? Was tappte da über den Boden? (Z. 19–20)

2 a Folgende Verben im Präteritum werden markiert:
war, war, saßen, bat, tat, warnte, konntet, lachte, behauptete, war, wollte … sein, waren, lachten … aus, schaute, legten … hin, sprachen, dachte, schlafen konnte, zog, hörte, kuschelten, lauschten, war, tappte, lauerte, waren, griff, knipste … an, stand, hatte … kriechen, wollen … ertastet, wollte, lagen, schliefen

b Folgende Verben stehen im Präsens, weil es sich bei den Sätzen um direkte Rede handelt:
will … hören (Z. 9), sind (Z. 11), darf (Z. 18), ist (Z. 18)

c Verwendung des Plusquamperfekts, da es sich um ein vorzeitiges Geschehen handelt.

3 a Die Überschrift weckt die Neugierde, da gewöhnlich maximal zwei Personen in einem Bett schlafen.

b Mögliche weitere Überschriften:
Nacht im Zelt für Mutige | Zeltnacht mit Besonderheiten

Seite 6

1 Mögliche Antwort:
Mein Ich-Erzähler soll ein Junge sein, weil ich selbst ein Junge bin und mich deshalb in Jungen besser hineinversetzen kann.

2 **Wer …?** Figuren: Henri, Max, Torsten, Isa und Katharina, meine Freunde aus dem Kanuclub
Wo …? Ort: vor dem Clubhaus des Kanuclubs
Wann …? Zeit: letzten Samstagnachmittag

Seite 7

3 a **Einleitung 1:** Hier wurde die Wo-Frage nicht beantwortet. Durch das letzte Wort „noch" wird die Neugier der Leser geweckt.
Einleitung 2: Die Wer-Frage wurde nicht beantwortet. Durch den letzten Satz wird allerdings die Neugier der Leser geweckt.

b Mögliche Einleitung:
Zum Schuljahresausklang hatte unser Klassenlehrer Herr Ziegel eine hervorragende Idee: Zelten am Waldsee mit der ganzen Klasse 5 c von Freitag bis Sonntag. Der Wetterbericht war sommerlich, noch war pure Sonne angesagt. Noch …

4 Mögliche Notizen zu den Bildern:
Bild 2: nachts; Gewitter; schiefe, einbrechende Zelte
Bild 3: Kinder, die tropfnass ins Vereinsheim stürmen
Bild 4: nächster Morgen; heller Sonnenschein; glückliche Kinder; eingestürzte Zelte

5 Mögliche Verbindungen aus Nomen/Substantiv und Verb:
Blitze zucken, Regen prasselt, Windböen peitschen, Tausende von Tropfen prasseln, Wind pfeift, Donner grollt, Sturm kommt auf, Bäume rauschen

Seite 8

6 Möglicher Hauptteil:

Kaum waren wir in den Zelten, zog auch schon ein Gewitter auf. Zum Glück war unser Dach über dem Kopf rechtzeitig fertig geworden! Ungefähr eine halbe Stunde später fielen die ersten Tropfen und schlugen gegen die Zeltwände. Noch fühlten wir uns geborgen in den Zelten und spielten weiter Karten. Allmählich jedoch wurde nicht nur der Regen stärker, sondern es kamen auch Blitze und Donner hinzu. Bereits 10 Minuten später folgten Blitz und Donner so dicht aufeinander, dass wir uns ernsthafte Sorgen wegen der Metallstäbe machten, in die ja schließlich der Blitz einschlagen konnte. Schon warfen einige von uns ängstliche Blicke aus den Zelten. Der Regen wurde indes immer stärker, schließlich goss es wie aus Eimern. Einige Zelte waren bereits voll Wasser gelaufen. Verzweifelt versuchten wir, das Wasser mit Bechern hinauszuschöpfen. Schließlich mussten wir allerdings erkennen, dass nichts mehr zu retten war, und flüchteten uns ins Kanuclubhaus.

7 a, b Mögliche Lösung:
„Bleibt weg von allen Metallstäben! Da kann der Blitz einschlagen!", warnte Herr Ziegel. | „Lasst alles stehen und liegen! Lauft!", forderte Herr Ziegel uns auf. | „Aber meine Gitarre ist noch im Zelt!", jammerte Torsten. | „Und was ist mit meinem Gameboy?", wollte Katharina wissen. | „Beeilt euch!", schrie Max. | „Ich kann nicht so schnell", stöhnte Isa.

c Mögliche Lösung:
„Ins Clubhaus! Rasch! Ich hab' den Schlüssel!", forderte Herr Ziegel uns auf. | „Sind alle da? Fehlt jemand?", wollte Isa wissen. „Lasst uns durchzählen", schlug Henri vor. | „Max fehlt!", rief Katharina besorgt. | „Ich bin doch da", antwortete Max cool.

Seite 9

8 Mögliche Lösung:

Ich träumte gerade vom Essen, als ich von lauten Stimmen aus dem Schlaf gerissen wurde. Ich erwachte und stellte fest, dass draußen ein heftiges Gewitter tobte. Es goss nicht nur in Strömen, sondern blitzte und donnerte in kurzen Abständen. Ich hörte die Stimme von Herrn Ziegel, der uns aufforderte, sofort ins Clubhaus zu gehen. Einige Zelte waren offenbar bereits überflutet, also schloss ich mich Max an und verließ das Zelt. Max wollte noch schnell seine Gitarre aus dem Zelt holen, durfte das aber nicht mehr. Die Situation war einfach zu gefährlich. Ich ging hinter Isa zum Clubhaus. Kurze Zeit später saßen wir alle zusammen im Clubhaus im Trockenen.

9 a (1) Am nächsten Morgen strahlte die Sonne wieder und wir waren froh, die Nacht heil überstanden zu haben.
(2) Was würden wir am nächsten Tag noch von unseren Zelten vorfinden?
(3) Jetzt freuen wir uns schon auf unsere nächste Klassenübernachtung, die sicher auch sehr spannend wird.
(4) Jetzt wissen wir alle, wie wichtig es ist, sich vor einer Zeltübernachtung den Wetterbericht anzuhören.

b Möglicher Schluss:
Am nächsten Morgen erwachten wir bei strahlendem Sonnenschein. Alle Ängste der Nacht waren verflogen und wir waren bester Laune. Als wir vors Clubhaus traten und die eingestürzten Zelte sahen, mussten wir unwillkürlich lachen.

10 a, b Mögliche Lösung:
Die Überschrift „Noch einmal Glück gehabt" gefällt mir am besten. Sie drückt nämlich aus, dass es in der Geschichte zwar eine Gefahr gab, die Geschichte aber trotzdem ein gutes Ende hat.

c Mögliche Überschrift: Zeltnacht mit Pannen

Seite 10

12 Mögliche Geschichte:

Die Nachtwanderung

Am Freitagabend war es endlich so weit! Nach Einbruch der Dunkelheit brachen Baldur, Lene und ich von unserer Hütte zur geplanten Nachtwanderung auf. In leichten Anoraks, mit Proviant in unseren Rucksäcken schritten wir hinaus in die dunkle, sternenlose Nacht. Baldurs Stirnlampe leuchtete uns den Weg, also hatten wir nichts zu befürchten. Zumindest dachten wir das …

Zunächst wanderten wir am Fluss entlang. Baldur vorneweg, Lene an zweiter Stelle und ich machte den Schluss. Nach einiger Zeit wurde die Landschaft immer wilder, niedrige Bäume und halbhohe Büsche standen am Wegesrand. In der Dunkelheit sahen manche aus wie Gespenster oder merkwürdige Tiere. Plötzlich knackte es hinter mir und ich fuhr erschrocken herum. „Was war das?“, fragte Lene mit zitternder Stimme. Auch mir schlug das Herz bis zum Halse.

Als mir Baldur mit der Stirnlampe leuchten wollte, ging diese plötzlich aus. Verzweifelt versuchten wir, sie zu reparieren, mussten aber feststellen, dass offensichtlich die Batterien leer waren. Nun standen wir völlig im Dunkeln! Was sollten wir nur tun?

Lene schlug vor, zum Fluss zurückzukehren und so den Heimweg wiederzufinden. Eine Stunde später suchten wir den Fluss immer noch, offensichtlich hatten wir uns völlig verlaufen. Allmählich bekamen wir es mit der Angst zu tun. „Wir sollten bei dieser Dunkelheit nicht weiterlaufen, das ist einfach zu gefährlich!“, meinte Baldur. So beschlossen wir, an Ort und Stelle unser Nachtlager aufzuschlagen und bis zum Morgen dort zu warten. Der Untergrund war hart und wegen der Kälte mussten wir uns aneinanderkuscheln. Vor Erschöpfung schliefen wir dennoch ein.

Als wir am frühen Morgen mit klammen Gliedern erwachten, trauten wir unseren Augen nicht! Direkt vor uns stand unsere Wanderhütte! Wir hatten sozusagen in unserem Vorgarten übernachtet! Offenbar hatten wir in der Nacht völlig die Orientierung verloren. Erleichtert betraten wir die Hütte, wo bereits ein leckeres Frühstück auf uns wartete.

Berichten

Seite 11

1, 2 Mögliche Lösung:

In der Einleitung werden die folgenden drei W-Fragen beantwortet:
Wo? Am Georg-Friedrich-Händel-Gymnasium | **Wann?** Gestern | **Was?** Spendenlauf zugunsten der Neugestaltung des Schulhofs.

Im Hauptteil werden folgende W-Fragen beantwortet:
Wer? Alle 587 Schülerinnen und Schüler | **Wo?** Auf dem Sportplatz | **Wie?** Sponsoren zahlten pro gelaufene Runde zwischen 10 und 50 Cent. | **Warum?** Verwendung des Geldes für die Neugestaltung des Schulhofs

Die Ereignisse werden in der richtigen Reihenfolge berichtet. Im Schlussteil werden die Folgen genannt: Umgestaltung des Schulhofs
Der Bericht steht im Präteritum und er ist sachlich geschrieben.

3 a **Schüler laufen für neuen Schulhof**

Präteritum Plusquamperfekt

Am Georg-Friedrich-Händel-Gymnasium fand gestern ein Spendenlauf zugunsten der Neugestaltung des Schulhofes statt.

Alle 587 Schülerinnen und Schüler nahmen an der Veranstaltung teil und bemühten sich, so viele Runden wie möglich um den Sportplatz zurückzulegen. Dafür hatten sie vorher Sponsoren geworben, die sich bereiterklärt hatten, für jede gelaufene Runde zwischen 10 und 50 Cent zu zahlen. Das dadurch erlaufene Geld soll für die Neugestaltung des Schulhofes verwendet werden. Sportlehrer Frank Lindemann erklärte stolz, dass auf diese Weise mehrere tausend Euro zusammengekommen seien. Der genaue Betrag müsse jedoch noch berechnet werden, da die Sponsoren unterschiedlich hohe Prämien zugesagt hätten.

In den nächsten Wochen wird dann mit der Umgestaltung des Schulhofes begonnen.

b Z. 7–9: Es handelt sich um die Wiedergabe von Gesagtem.

Seite 12

1 a, b Bienenschwarm im Baum auf dem Schulhof – *was?* | Kinder sehr aufgeregt – *wer?* | Schulhof während der ersten großen Pause gesperrt – *was?* | am Freitag – *wann?* | Feuerwehr benachrichtigt – *wer?/was?* | keine Zeit wegen Brand im Nachbarort – *warum?* | ~~Schulhof 2011 neu gestaltet~~ | Biologielehrer Ringer ist Hobby-Imker – *wer?* | besorgt Schutzkleidung – *was?* | vor der zweiten großen Pause – *wann?* | fängt Schwarm ein – *wie?* | ~~bald Honig für die Schule?~~ | Schulhof der Theodor-Fontane-Schule – *wo?*

2 Möglicher Schreibplan:
Einleitung: am Freitag | Schulhof der Theodor-Fontane-Schule | Bienenschwarm im Baum auf dem Schulhof
Hauptteil: Schulhof während der ersten großen Pause gesperrt | Feuerwehr benachrichtigt |
keine Zeit wegen Brand im Nachbarort | Kinder sehr aufgeregt | Biologielehrer besorgt Schutzkleidung |
vor der zweiten großen Pause | fängt Schwarm ein
Schluss: bald Honig für die Schule

3 a Möglicher Bericht:

Am Freitag wurde auf dem Schulhof der Theodor-Fontane-Schule ein Bienenschwarm auf einem Baum entdeckt.
Um alle in der Schule Anwesenden zu schützen, wurde der Schulhof während der ersten große Pause gesperrt und die Feuerwehr benachrichtigt. Diese konnte nicht anrücken, weil sie keine Zeit hatte: Die Feuerwehrleute waren gerade mit dem Löschen eines Brandes im Nachbarort beschäftigt. Die Kinder waren aufgrund der Ereignisse sehr aufgeregt. Biologielehrer Ringer, Hobby-Imker, konnte – Dank seines Hobbys – glücklicherweise schnell Schutzkleidung besorgen und schließlich den Schwarm einfangen. Möglicherweise gibt es ja bald Honig für die Schule.

b Mögliche Überschrift: Biologielehrer fängt Bienenschwarm

Beschreiben

Seite 13

1 a Der Text enthält einen Einleitungssatz, in dem der Grund der Beschreibung genannt wird (Geburtstagswunsch).
Die Beschreibung beginnt mit dem Gesamteindruck des Tieres (himmelblaues Gefieder) und geht dann genauer ins Detail.
Anschließend werden die besonderen Merkmale beschrieben.
Am Schluss erfährt der Angesprochene, was er tun soll (und warum).

b

Information	Brief
Grund der Beschreibung	Geburtstagswunsch
Welche Tierart wird beschrieben?	Wellensittich
besondere Merkmale	nur zwei Krallen am linken Fuß
Was soll getan werden?	Vogel soll „befreit“ (= gekauft) werden

Seite 14

1 a Mögliche Beschreibung:

Meerschweinchen Paul gehört zur Rasse der Rosettenmeerschweinchen. Sein wuscheliges Fell weist gleich drei verschiedene Farben auf: am Kopf ist Paul rotbraun, am Rücken und der linken Vorderpfote cremeweiß und hinten ist sein Fell auch rotbraun, aber etwas heller als vorne. Paul hat dunkle Knopfaugen und seine Ohren hängen ein bisschen herunter. Seine Pfoten sind unter dem zotteligen Fell versteckt. Auf seiner rotbraunen Nase befindet sich ein kleiner brauner Punkt.

Seite 15

1 Richtige Reihenfolge:
1 Meerschweinchen in Freilauf oder Transportkiste unterbringen | **2** Käfigwanne leeren, Gegenstände rausnehmen, Einstreu ausschütten | **3** Käfigwanne in der Dusche oder Badewanne heiß abbrausen | **4** Gitterstäbe feucht abwischen | **5** Futter- und Wassernapf abwaschen | **6** Einstreu erneuern | **7** Näpfe, Schlafhaus, Unterschlupf zurückstellen | **8** Näpfe frisch füllen | **9** Meerschweinchen zurück in Käfig lassen

Seite 16

2 Mögliche Verbesserung:

Überschrift: Einen Meerschweinchenkäfig reinigen
Einleitung: Um einen Meerschweinchenkäfig zu reinigen, benötigst du eine Transportkiste, in der du die Meerschweinchen während der Reinigung des Käfigs unterbringen kannst, und ausreichend frisches Einstreu.
Hauptteil: …
Schluss: Auf diese Weise reinigst du den Käfig richtig und sorgst gleichzeitig dafür, dass sich dein Meerschweinchen in seinem Käfig wieder so richtig wohlfühlt.

3 Form: du

4 **B** Ja, Kathrin hat das Tempus (Präsens) richtig verwendet.

Seite 17

5 Möglicher Hauptteil:

Als Erstes nimmst du das Meerschweinchen aus dem Käfig heraus und bringst es in einer Transportkiste unter. Danach kannst du mit der Reinigung des Käfigs beginnen. Zunächst nimmst du alle Gegenstände heraus, dann leerst du die Käfigwanne und schüttest die Einstreu aus. Nun braust du die Käfigwanne in der Dusche oder der Badewanne heiß ab. Im Anschluss wischst du noch die Gitterstäbe des Käfigs feucht ab und wäschst den Futter- und Wassernapf ab. Dann erneuerst du die Einstreu, stellst Näpfe, Schlafhaus und Unterschlupf wieder zurück und füllst die Näpfe frisch. Jetzt kannst du das Meerschweinchen wieder zurück in den Käfig setzen.

6

Reinigung eines Meerschweinchenkäfigs

Um einen Meerschweinchenkäfig zu reinigen, benötigst du eine Transportkiste, in der du die Meerschweinchen während der Reinigung des Käfigs unterbringen kannst, und ausreichend frisches Einstreu.
Als Erstes nimmst du das Meerschweinchen aus dem Käfig heraus und bringst es in einer Transportkiste unter. Danach kannst du mit der Reinigung des Käfigs beginnen. Zunächst nimmst du alle Gegenstände heraus, dann leerst du die Käfigwanne und schüttest die Einstreu aus. Nun braust du die Käfigwanne in der Dusche oder der Badewanne heiß ab. Im Anschluss wischst du noch die Gitterstäbe des Käfigs feucht ab und wäschst den Futter- und Wassernapf ab. Dann erneuerst du die Einstreu, stellst Näpfe, Schlafhaus und Unterschlupf wieder zurück und füllst die Näpfe frisch. Jetzt kannst du das Meerschweinchen wieder zurück in den Käfig setzen.
Auf diese Weise reinigst du den Käfig richtig und sorgst gleichzeitig dafür, dass sich dein Meerschweinchen in seinem Käfig wieder so richtig wohlfühlt.

7

Ein Meerschweinchen benötigt ständig frisches Heu. Morgens fütterst du entweder Grün- oder Saftfutter. Achte bitte darauf, dass das Grünfutter nicht feucht ist, sonst wird das Meerschweinchen krank. Reste des Grünfutters musst du später entfernen. Anschließend wechselst du das Wasser. Dazu nimmst du den Wassernapf aus dem Käfig, spülst diesen unter fließendem Wasser aus und setzt ihn dann gefüllt mit frischem Wasser wieder in den Käfig. Mittags und nachmittags benötigt dein Meerschweinchen noch einmal frisches Grün- oder Saftfutter. Abends bekommt es seine letzte Mahlzeit. Im Anschluss an das Füttern solltest du noch einmal für frisches Wasser sorgen. Einmal in der Woche darfst du anstelle einer anderen Mahlzeit auch Obst füttern.

Seite 18

9 Mögliche Bastelanleitung:

Bastelanleitung für ein Hamsterlabyrinth

Zum Basteln eines Hamsterlabyrinths brauchst du folgende Materialien: stabilen Pappkarton (eine größere Menge), neun leere Klopapierrollen, drei bis vier Bücher, die du schon ausgelesen hast, Klebestreifen, eine Schere und ein Cutter-Messer, einen Zeichenbleistift, ein paar Spielsachen für deinen Hamster, wie z. B. leere Garnrollen, Kronkorken, kleine Äste und ein paar Leckereien (z. B. eine Mohrrübe, einen Napf voll Körner, etwas Heu oder Stroh), um deinen Hamster ins Labyrinth zu locken.
Bastele zunächst die einzelnen Zimmer, indem du den Karton so faltest, dass Schachteln entstehen. Befestige die Wände mit Klebestreifen. Ordne die Zimmer so auf dem Boden an, wie du sie miteinander verbinden möchtest. Baue aus den Büchern und mithilfe einer leeren Klopapierrolle ein Podest für eines der Zimmer. Verbinde nun die einzelnen Zimmer durch leere Klopapierrollen, die als Tunnel fungieren. Kümmere dich anschließend um die Inneneinrichtung: Verbinde das höher gelegene Zimmer mit einem niedrigeren auf der linken Seite mit einer Treppe, baue in einzelne Zimmer Trennwände oder einen Unterschlupf ein, damit das Labyrinth interessanter wird.
Wenn du nun die Zimmer noch mit den Spielsachen und den Leckereien bestückst, wird sich dein Hamster in dem Labyrinth so wohlfühlen, dass er nie mehr in seinen Käfig zurück möchte.

Lesen Umgang mit Texten und Medien

Einen Sachtext lesen und verstehen

Seite 19

1 a Mögliche Antwort:
Es wird von einem Schwan berichtet, der sich ständig in der Nähe eines Tretboots aufhält, weil es die Form eines Schwans hat.
Ich weiß bereits, dass einige Tiere Gegenstände, die eine ähnliche Form wie sie selbst haben, fälschlicherweise für Artgenossen halten.

b Mögliche Zusammenfassung:

Der Artikel handelt vom Eingreifen des Menschen in die natürlichen Lebensräume der Tiere und welche Auswirkungen dies auf das Verhalten der Tiere haben kann. So halten einige Tiere Gegenstände, die eine ähnliche Form wie sie selbst haben, für Artgenossen oder lassen sich von elektrischem Licht oder Stadtgeräuschen täuschen. Diese „tierischen Irrtümer“ werden als „evolutionäre Fallen“ bezeichnet (die Tiere handeln nach den Erfahrungen ihrer Vorfahren), denen der Mensch durch gezielte Steuerung dieser „Fallen“ allerdings auch wieder entgegenwirken kann.

Seite 20

2 Individuelle Aufgabe: Nachschlagen im Wörterbuch, z. B.: (Quelle: Duden online, www.duden.de)
- **die Evolution** (Z. 22, 31–32): (bildungssprachlich) langsame, bruchlos fortschreitende Entwicklung besonders großer oder großräumiger Zusammenhänge; allmähliche Fortentwicklung im Geschichtsablauf; (Biologie) stammesgeschichtliche Entwicklung von niederen zu höheren Formen des Lebendigen
- **das Exemplar** (Z. 28): Einzelstück, einzelnes Individuum (besonders Ding oder Tier) aus einer Menge gleichartiger Stücke, Individuen (Abkürzung für Bücher o. Ä.: Ex., Expl.)
- **die Orientierung** (Z. 53): Fähigkeit, sich zu orientieren; (bildungssprachlich) das Sichorientieren, [geistige] Einstellung, Ausrichtung

3 a Schlüsselwörter … falsche Antwort: **B** stehen immer am Satzanfang.

b Schlüsselwörter: Schwan (wer?) | Tretboot (was?) | umkreist/umkreisen (was?) | verteidigt/verteidigen (was?) | Form (warum?)

c Schlüsselwörter

Tierische Irrtümer! Wie der Mensch die Lebensräume der Tiere verändert

„Schwan liebt Tretboot“ – so lautete vor einiger Zeit die Überschrift über einem Zeitungsartikel. Berichtet wurde von einem Schwan, der treusorgend und liebevoll ein Tretboot umkreist. Sobald sich jemand nähert, verteidigt er es fauchend. Der Grund dafür? Das Tretboot hat die Form eines Schwans. Dass die angebetete Schwanendame auf die Annäherungsversuche nicht reagiert, stört den Schwan nicht. Er weicht dem Tretboot nicht von der Seite. Wenn es vermietet wird, dann schwimmt er stolz hinterher. Ist er etwa zu dumm, einen echten Schwan von einem Kunststoffvogel zu unterscheiden?
Nein, es ist der Mensch, der für diese und andere tierische Irrtümer verantwortlich ist. Denn nicht nur Schwäne machen Fehler, auch andere Tiere werden durch das Eingreifen des Menschen in ihre Lebensräume verwirrt. In Florida beispielsweise laufen frisch geschlüpfte Schildkröten nicht ins Meer, sondern Richtung Straße, weil dort die Lampen heller leuchten als der Mond auf der Wasseroberfläche. Aber genau das haben die Schildkröten über Jahrmillionen ihrer Evolution gelernt – dorthin zu laufen, wo das Licht ist. Auch unser verliebter Schwan handelt nach den Erfahrungen seiner Vorfahren. Für die war es ausreichend, auf Merkmale wie Länge des Halses, Form des Körpers und Bewegung des Weibchens zu achten und dann ein möglichst großes Exemplar auszusuchen. Woher soll der Schwan wissen, dass er auch das Material der Geliebten prüfen muss?
In der Wissenschaft werden diese Irrtümer als „evolutionäre Fallen“ bezeichnet. Sie entstehen vor allem in Städten. So beeinträchtigen die vielen Lampen nachtaktive Insekten und Fledermäuse. Im elektrischen Licht verlieren Zugvögel schnell mal die Orientierung. Auch der Lärm macht vielen Tieren zu schaffen. In der Nähe von Autobahnen muss zum Beispiel der Hausgimpel in höheren Tönen singen als in einer ruhigen Einfamilienhaussiedlung. Das führt dazu, dass seine Lieder zu kurz geraten, die Weibchen jedoch auf lange Liebeslieder stehen. So kommt es zu weniger Paarungen und damit zum Rückgang der Hausgimpel in Städten. Selbst der Spatz ist bedroht, auch wenn es nicht danach aussieht. Denn bei dem Überangebot in den Cafés serviert er seinem Nachwuchs das falsche Futter: Brot- und Kuchenkrümel sind für Spatzenkinder nicht geeignet, sie brauchen eiweißreiche Nahrung wie Käfer, Larven und Blattläuse.
Was kann der Mensch also tun, um die verirrten Tiere wieder auf die richtige Bahn zu bringen? In Florida leuchten seit Neuestem Lampen am Strand, um den Schildkröten die Orientierung zu erleichtern. Und in den Wohnhäusern an der Uferpromenade sind normale Glühlampen verboten. Auch der verliebte Schwan hat nach zwei Jahren eine neue Liebe gefunden – dieses Mal mit echten Federn.

4 a Viele Behauptungen über Tiere halten sich, auch wenn bewiesen ist, dass sie eigentlich falsch sind.

b Diese Schlüsselwörter könntest du markiert haben:

Hier irrt der Mensch!

Viele Behauptungen über Tiere halten sich hartnäckig, auch wenn lange bewiesen ist, dass sie falsch sind. Ein friedlich grasender Stier wird zum Beispiel nicht auf einen Menschen losgehen, bloß weil der ein rotes T-Shirt trägt. Denn Stiere sind farbenblind und können nur Grautöne wahrnehmen. Dass sie trotzdem auf das rote Tuch des spanischen Toreros reagieren, liegt einfach daran, dass der Stierkämpfer wie wild damit herumfuchtelt. Das bringt den Stier in Rage. Den gleichen Effekt hätte also auch ein grün-blau gestreiftes oder gelb-lila gepunktetes Tuch.

Seite 21

5 Richtige Antwort: Ein Schwan liebt irrtümlich ein Tretboot.

6 a 2. Sinnabschnitt: Zeile 13 bis 30

b Mögliche Schlüsselwörter:
Mensch, Irrtümer, verantwortlich, Eingreifen des Menschen, Lebensräume, verwirrt, Evolution, Erfahrungen seiner Vorfahren, Merkmale, großes Exemplar

c Mögliche Überschrift: Ursachen und Gründe der Irrtümer

7 a 1. Sinnabschnitt (Z. 1–12): Schwan liebt irrtümlich Tretboot
2. Sinnabschnitt (Z. 13–30): Ursachen und Gründe der Irrtümer
3. Sinnabschnitt (Z. 31–49): Evolutionäre Fallen in Städten
4. Sinnabschnitt (Z. 50–57): Der Mensch kann entgegenwirken

Seite 22

8 Mögliche Zusammenfassung:
Der Mensch ist verantwortlich für die Irrtümer der Tiere. Die Tiere handeln nach den Erfahrungen ihrer Vorfahren, für die es ausreichend war, auf bestimmte Merkmale zu achten.

9 b Tabelle: „tierisches Fehlverhalten“

Fehlverhalten durch	betroffene Tiere	Folgen	Zeilen
elektrisches Licht	Zugvögel	verlieren Orientierung	34–36
Lärm	Hausgimpel	zu kurze Lieder ⟶ weniger Paarungen	36–43
Nahrungsangebot	Spatz	Spatzenkinder kriegen für sie nicht geeignetes Futter	43–49

10 Mögliche Zusammenfassung:

Der Artikel „Tierische Irrtümer! Wie der Mensch die Lebensräume der Tiere verändert“ handelt vom Eingreifen des Menschen in die natürlichen Lebensräume der Tiere und von den Auswirkungen, die dieses Eingreifen auf manche Tiere hat.
Die negativen Folgen werden anhand verschiedener Beispiele aufgezeigt: So verliebt sich z. B. ein Schwan in ein Tretboot, weil dieses die Form eines Schwans hat, oder frisch geschlüpfte Schildkröten in Florida laufen nicht ins Meer, sondern auf die Straße, weil das elektrische Licht heller als das des Mondes ist.
Solche „tierischen Irrtümer“ sind laut Text so genannte evolutionäre Fallen, d. h., die Tiere handeln nicht etwa so, weil sie dumm sind, sondern weil sie ein bestimmtes Verhalten über den langen Zeitraum ihrer Evolution so gelernt haben.
Der Mensch kann diesen, durch sein Eingreifen verursachten Störungen der Tiere allerdings auch gezielt entgegenwirken, indem er darauf achtet, die entsprechenden Fallen wieder zu reduzieren oder den Tieren bestimmte Hilfestellungen zu geben, z. B. indem er wie in Florida am Strand entsprechende Leuchten anbringt, um die Schildkröten wieder in die für sie richtige Richtung zu lenken.

Einen Erzähltext lesen und verstehen

Seite 24

3 b Die Sage ist mit einem bestimmten Ort verknüpft. (Braaker Mühle Z. 12–13)
In der Sage tritt ein Mensch mit übernatürlichen Fähigkeiten auf. (Pumphut kann zaubern. Z. 32–33)
Sie berichtet von einem außergewöhnlichen Ereignis. (Pumphut verzaubert das Rad. Z. 32–33)

4 Richtige Lösung: **C** Pumphut erhält beim Fest nur trockenes Brot und verzaubert aus Ärger das Mühlenrad.

5 a, b

Zeilen	Erzählschritt	Stichworte
1–11	Einleitung	Herkunft von Pumphut
12–20	Fest in der Braaker Mühle	Braaker Mühle, Fest, Aussicht auf gutes Essen
21–31	Pumphut wird verärgert	ordinärer Schnaps und trockenes Brot
32–41	Pumphuts Rache	Verzauberung des Mühlenrads
42–50	Pumphut wird entlarft	Streich von Pumphut, finden ihn am Bach
51–63	Versöhnung	bestes Essen und bester Wein

6 Wie heißt du und wo kommst du her? Ich heiße Martin Pumphut und komme aus Spohla bei Wittichenau.
Was bist du von Beruf und wo arbeitest du? Ich bin Müllersbursche und laufe immer dem Wasser nach; so komme ich von Mühle zu Mühle.
Worüber ärgerst du dich? Ich ärgere mich über geizige Leute.
Wie zahlst du es den Müllersleuten heim? Ich spiele ihnen üble Streiche.
Über welche Kräfte verfügst du? Ich verfüge über Zauberkräfte.

Grammatik

Was kannst du schon?

Seite 25

1 **Wortarten**
unser → Pronomen | Sportfest → Nomen/Substantiv | fand … statt → Verb | bei → Präposition | wunderbarem → Adjektiv | Wetter → Nomen/Substantiv | an → Präposition | einem → Artikel | Freitag → Nomen/Substantiv *10 Punkte*

2 **Adjektive**
Einen spannenderen Tag konnte man sich nicht vorstellen.
In zahlreichen Wettkämpfen traten die sportlichsten Schüler der Schule gegeneinander an.

spannend	spannender	am spannendsten
zahlreich	zahlreicher	am zahlreichsten
sportlich	sportlicher	am sportlichsten

9 Punkte

3 **Verben**

Beim Sportfest passierte die Sache mit Hanna. Sie wollte eigentlich nur einen Hochsprung durchführen. Dafür nahm sie in einem gekonnten Bogen Anlauf. Frau Freund, die Biologielehrerin, schlenderte nichts ahnend über den Platz. Hanna rannte mit vollem Schwung auf sie zu und stieß mit ihr zusammen. Sie war dabei so konzentriert auf den Hochsprung, dass sie nach dem Aufprall plötzlich auf der Schulter der Lehrerin saß.
8 Punkte

Seite 26

4 B, C, D und E sind richtig, A, F, G, H, I sind falsch.

5 a **A** Kommst du mit zum Weitsprung? → Fragesatz
B Ich weiß nicht, wo meine Sporttasche ist. → Aussagesatz
C Mach die Flasche sofort wieder zu! → Ausrufesatz

b Komm mit zum Weitsprung! → Ausrufesatz
Wo ist meine Sporttasche? → Fragesatz
Du machst die Flasche sofort wieder zu. → Aussagesatz

Wortarten

Seite 27

1 a Richtige Aussage: Wenn der Mensch das Wetter machen könnte, gäbe es unter den Menschen Streit.

b **Nomen**

Oscar Stock **Übers Wetter**

Könnt' **der Mensch das Wetter** machen,
gäbe es nicht viel zu lachen,
denn es herrschte **Streiterei**,
was **das beste Wetter** sei.

Der eine schwärmte **von der Sonne**
und **deren Strahlen, voller Wonne**,
weil er sich darin könnte aalen
und hier **mit seinem Körper** prahlen.

Der andere pochte **auf den Regen**
und **auf den Schnee** auch, meinetwegen,
weil **die Natur nach Nässe** schreit
und sonst nichts wachse **mit der Zeit**.

Drum ist's **vom Wetter** gut und recht,
dass es so ist, wie's grade möcht',
und schimpft der eine gar **am Ende**,
der andre reibt sich froh **die Hände**.

c Tabelle

Maskulinum		Femininum		Neutrum
der Mensch	*der Regen*	*die Streiterei*	*die Nässe*	*das Wetter*
der Strahl	*der Schnee*	*die Sonne*	*die Zeit*	*das Ende*
der Körper		*die Wonne*	*die Hand*	
		die Natur		

2 a **Nomen im Plural:** die Strahlen, die Hände

b **kein Plural möglich:** das Wetter, die Natur, die Nässe

Seite 28

3 a, b

Die kleine Hexe übt Regenmachen	Kasusfrage	Nominativ	Genitiv	Dativ	Akkusativ	Lösungswörter
A Etwa sechs Stunden am Tag verbringt **die kleine Hexe** damit, das Hexen zu üben.	*Wer?*	X				Trotz
B Der Rabe Abraxas leistet **der kleinen Hexe** dabei Gesellschaft.	*Wem?*			X		Abraxas'
C Die kleine Hexe hält große Stücke auf ihn, weil er ihr immer **seine Meinung** sagt.	*Was?*				X	Ermahnungen
D Heute übt sie gerade **das Regenmachen**.	*Was?*				X	will
E **Abraxas** ist sehr unzufrieden mit ihr.	*Wer?*	X				die
F Statt nämlich Regen zu machen, lässt die kleine Hexe erst **Frösche** regnen, dann Regenwürmer und schließlich Buttermilch.	*Wen?*				X	kleine
G „Wenn du dich nicht sofort besser konzentrierst, werde ich mich **deines Zauberstabs** bemächtigen. Das ist ja zum Mäusemelken!", krächzt der Rabe.	*Wessen?*		X			Hexe
H Die kleine Hexe kann **dem Raben** nicht wirklich widersprechen. Sie ist heute einfach nicht bei der Sache.	*Wem?*			X		zum Blocksberg
I Heute ist nämlich **Walpurgisnacht**. Aber die kleine Hexe darf noch nicht am Hexentanz teilnehmen: Sie ist mit ihren einhundertsiebenundzwanzig Jahren noch zu jung!	*Was?*	X				reiten.

Lösungssatz: Trotz Abraxas' Ermahnungen will die kleine Hexe zum Blocksberg reiten.

Seite 29

1

Zaubertrankkunde bei Professor Taranis

Professor Taranis unterrichtet Zaubertrankkunde. **Er** ist ein strenger Lehrer. Heute sollen die Schüler einen Gewittertrank herstellen. „**Ich** ermahne **euch** nur einmal, **ihr** müsst zunächst gründlich eure Kessel reinigen, bevor **ihr** anfangen könnt." Luna schrubbt ihren Kessel voller Hingabe mit einer Bürste, **sie** hat vor lauter Anstrengung schon Schweißperlen auf der Stirn. „**Du** musst noch gründlicher sein!", ermahnt Taranis **sie** streng. Endlich sind alle Schüler fertig. Nun sollen **sie** die Zutaten richtig abmessen. „**Ihr** benötigt drei Tropfen Krötenschleim, vier Esslöffel Schlangenzähne, fünf Fliegenpilze und eine Prise Spinnenbein. **Ich** erwarte, dass keine Zutaten verschwendet werden, **sie** sind sehr kostbar." Anschließend verkündet Taranis: „Nun wollen **wir** gemeinsam den richtigen Zauberspruch üben, sprecht nach: Krötenschleim und Schlangenzahn, es gebe Hagel, Stürme und Orkan, Fliegenpilz und Spinnenbein, schwarz soll heute der Himmel sein!"

2 a, b

Das Stundenprotokoll

Mr. Taranis zeigte den Schülern in der letzten Stunde, wie sie ein Gewitter machen können. Zunächst musste jeder Schüler seinen Kessel gründlich säubern. Nachdem Mr. Taranis mit dem Ergebnis zufrieden war, erklärte er den Schülern, dass sie ihre Zauberbücher aufschlagen sollten. Die Zutaten für den Gewittertrank standen im Buch, sie mussten jetzt nur noch richtig abgemessen und in den Kessel gefüllt werden. Mr. Taranis forderte anschließend die Klasse auf, ihm den passenden Zauberspruch nachzusprechen. Leider hatte ein Schüler das Rezept nicht genau genug gelesen: Er verwechselte Spinnenbeine mit Rattenfüßen, daher explodierte sein Kessel. Mr. Taranis war über diesen Schüler so wütend, dass er ihm auftrug, ein Stundenprotokoll zu verfassen, welches er (dieser) hiermit vorlegt.

Seite 30

1 **Der Wetterfrosch**

Ist ein kleiner, grüner Laubfrosch in der Lage, gutes oder schlechtes Wetter vorauszusagen? Hier ist die Antwort: In alten Zeiten wurden Frösche oft in durchsichtigen Glasbehältern gehalten, in denen eine kleine Leiter stand. Bei schönem Wetter stiegen die Frösche dann auf der schmalen Leiter nach oben. Auch in der freien Natur könnt ihr beobachten, dass Laubfrösche an herrlichen Sonnentagen an Pflanzen hochklettern. Die richtige Erklärung dafür ist aber nicht das freundliche Wetter an sich, sondern es sind die Beuteinsekten, die sich bei gutem Wetter weiter oben im Pflanzenbestand aufhalten. Die Frösche klettern also nach oben, um die leckeren Insekten zu verspeisen. Also sind eigentlich die Insekten die wahren Wetterfrösche! Für die Wettervorhersage gibt es heute bessere Messmethoden, sodass wir keine armen Frösche mehr in enge Einmachgläser sperren müssen. Außerdem stehen die süßen, kleinen Laubfrösche unter Naturschutz.

2 **A** In Peru haben Wissenschaftler eine neue Froschart entdeckt.
B Der kleine Winzling passt bequem auf eine Fingerkuppe.
C Man kam dem zwergenhaften Tier durch sein Quaken auf die Spur.
D Die „Größe" des winzigen Frosches beträgt gerade einmal 11,4 Millimeter.

3 **Der Laubfrosch**

Die Größe eines Laubfrosches beträgt 3 bis 4,5 cm, er wiegt selten mehr als 4 g. Damit gehört er zu den kleinen X Fröschen in Deutschland. Der Laubfrosch hat eine glatte, grasgrüne X Haut, einen weißen X Bauch und an den Seiten befindet sich jeweils ein dunkler X Streifen. Die Laubfrösche sind gute X Kletterer. Sie leben an einheimischen X Waldrändern, in feuchten Wiesen oder an pflanzenreichen X Teichen und ernähren sich von kleinen X Insekten. In der freien X Natur werden die Tiere kaum mehr als fünf Jahre alt.

Seite 31

4 **A** Der Goliathfrosch ist größer als der Ochsenfrosch.
B Der Laubfrosch wiegt genauso viel wie der Pfeilgiftfrosch.
C Der Krallenfrosch wird älter als der Laubfrosch.
D Der blaue Pfeilgiftfrosch wird manchmal schwerer als der Goliathfrosch.
F Der Flugfrosch springt weiter als der Ochsenfrosch.
G Der Wasserfrosch wird in etwa so alt wie der Laubfrosch.

5 Sprungweite: Der Flugfrosch kann am weitesten springen.
Alter: Der Krallenfrosch wird am ältesten.
Größe: Der Goliathfrosch ist am größten.
Gewicht: Der Goliathfrosch ist am schwersten.

6 **Der Frosch und der Ochse – eine Fabel**

Ein Frosch sah auf einer Wiese einen Ochsen stehen. „Warum bin ich nicht wenigstens so groß wie der Ochse? Ich will von allen am größten sein", dachte der kleine Frosch. „Aber wenn ich mich ordentlich aufblase, kann ich wohl so groß werden wie der Ochse!" Gesagt, getan, der kleine Frosch begann sich aufzublähen, so stark er nur konnte. Dann rief er den anderen Fröschen zu: „Nun, bin ich jetzt so groß wie der Ochse?" „Nein, noch lange nicht, du bist noch viel, viel kleiner."
Da blies er sich weiter auf und fragte wieder: „Und jetzt?" Die anderen Frösche lachten nur. „Euch werd ich es zeigen", schrie der Frosch erbost, mit aller Kraft blähte er sich noch stärker auf, bis er schließlich platzte.

Seite 32

1 Eine Katze liegt unter einem Baumstamm. | Eine Maus sitzt auf einem Baum (Ast). | Die Füchse lagern auf einer Wiese. | Eine Eule hockt auf einem Baumstumpf. | Eine Spinne krabbelt einen Baumstamm entlang. | Ein Salamander ruht an einem Baumstamm.

2 Wilhelm Busch **Fink und Frosch**

Auf leichten Schwingen frei und flink
Zum Lindenwipfel flog der Fink
Und sang an dieser hohen Stelle
Sein Morgenlied so glockenhelle.

Ein Frosch, ein dicker, der im Grase
Am Boden hockt, erhob die Nase,
Strich selbstgefällig seinen Bauch
Und denkt: Die Künste kann ich auch.

Alsbald am rauen Stamm der Linde
Begann er, wenn auch nicht geschwinde,
Doch mit Erfolg emporzusteigen,
Bis er zuletzt von Zweig zu Zweigen,
Wobei er freilich etwas keucht,
Den höchsten Wipfelpunkt erreicht
Und hier sein allerschönstes Quaken
Ertönen lässt aus vollen Backen.

Der Fink, dem dieser Wettgesang
Nicht recht gefällt, entfloh und schwang
Sich auf das steile Kirchendach.

Wart', rief der Frosch, ich komme nach.
Und richtig ist er fortgeflogen,
Das heißt, nach unten hin im Bogen,
Sodass er schnell und ohne Säumen,
Mit mehr als zwanzig Purzelbäumen,
Zur Erde kam mit lautem Quak,
Nicht ohne großes Unbehagen.

Er fiel zum Glück auf seinen Magen,
Den dicken, weichen Futtersack,
Sonst hätt' er sicher sich verletzt.

Heil ihm! Er hat es durchgesetzt.

Seite 33

1 a, b

Die Schlümpfe und die Wettermaschine (1)

Sicher kennt ihr alle das lustige Volk der Schlümpfe! Eines Tages in ihrem Dorf: Missmutig musste der Bastelschlumpf nach dem Aufstehen feststellen, dass es draußen schon wieder aus Eimern schüttete. Auch die anderen Schlümpfe hatten schlechte Laune wegen des Wetters: „Verschlumpft, es schlumpft schon wieder." Der Bastelschlumpf dachte bei sich: „Jeder schlumpft über das Wetter, aber keiner schlumpft etwas dagegen. Jetzt schlumpfe ich eine Maschine dagegen!" Gesagt, getan, gleich machte sich der Bastelschlumpf an die Arbeit. Nachdem er alle Materialien gesammelt hatte, setzte er die Teile zusammen und nach vielen Stunden ermüdender Arbeit ist das Werk vollendet: „Jetzt kann ich die Maschine in Betrieb schlumpfen." Kurz darauf hörte man einen Jubelschrei im Dorf: „Hurra, sie schlumpft!" Aufgeregt eilten die anderen Schlümpfe herbei und ließen sich die neue Maschine vorführen. Alle sind ganz beeindruckt. Der große Schlumpf ordnet gleich an: „Zur Einweihung schlumpfst du die Maschine auf ‚Schönwetter' und wir schlumpfen ein Fest!"

Seite 34

2 schreiben: schreib(e)! schreibt! | rechnen: rechne! rechnet | waschen: wasche! wascht! | bleiben: bleib(e)! bleibt!

3

Die Schlümpfe und die Wettermaschine (2)

Der Große Schlumpf befiehlt: „**Packt** die Picknickkörbe und **vergesst** die Sonnenschirme nicht!" Der Gärtner- und der Dichterschlumpf bleiben im Dorf zurück. „Ich **schreibe** ein Gedicht über die Sonne." Der Gärtnerschlumpf sorgt sich um seinen vertrocknenden Salat. Die Lösung ist schnell gefunden: „Ich **stelle** die Maschine einfach auf Regen." Gesagt, getan: Es regnet. Der Dichterschlumpf tobt und stellt die Maschine jetzt auf „pralle Sonne"! Erbost eilt der Gärtnerschlumpf herbei, ein Riesenstreit entbrennt: „Was **machst** du denn hier? **Verschwinde**! Mein Salat **braucht** Wasser!" „**Halt(e)** den Mund. Ich **wünsche** mir Sonne, **beweg(e)** ja nicht den Hebel!" Beide Schlümpfe reißen an den Hebeln: In Blitzesschnelle wechseln Hagel, Schnee, Sturm und sengende Hitze einander ab. Auch auf dem Fest wird es recht ungemütlich, der Große Schlumpf befiehlt: „**Lauft** jetzt sofort ins Dorf zurück und **schaut**, was da vor sich **geht**!" Die Wettermaschine wird zerstört. Und die Moral von der Geschicht': „Man muss das Wetter nehmen, wie es ist!"

Teste dein Wissen!

Seite 35

1

Oskar Stock **Der Regenschirm**

Erst neu gekauft, **in** Anthrazit, → Präposition
nahm ich **ihn** zum Spaziergang mit, → Pronomen
aus gutem Tuch, mit **festem** Knauf → Adjektiv
und einer **Spitze** obendrauf. → Nomen/Substantiv

So trug ich fest ihn in **der** Hand → Artikel
Und **schwenkte** ihn nach vorn galant, → Verb
ich spürte angenehm **sein** Holz → Pronomen
und war, so glaubt mir, **auf** ihn stolz. → Präposition

8 Punkte

2 Personalpronomen: mir, mich | Possessivpronomen: seinen, mein *4 Punkte*

3 **A** einen Frosch im Hals haben → Infinitiv | **B** Sei kein Frosch! → Imperativ Singular *2 Punkte*

8 Punkte

4 **A** Ein Blitz schlägt in die alte Eiche ein.
Ein Blitz schlägt in der alten Eiche ein. → Kasus.

B Vor lauter Schreck verschluckt Antonia ein Bonbon.
Vor lauter Schreck verschluckt Antonia einen Bonbon. → Genus *2 Punkte*

Insgesamt zu erreichende Punktzahl: 16 Punkte

Wortbildung

Seite 36

1

Lieber Sven,
wir schicken dir viele Grüße aus dem wunderschönen Urlaubsland Portugal. Schade, dass du nicht dabei sein kannst!
Wie geht es deinem Sprunggelenk? Darfst du inzwischen schon mit den grasgrünen Krücken laufen?
Gestern haben wir eine Bootsfahrt unternommen. Wir mussten knallgelbe Schwimmwesten anziehen, die wir dann aber zum Glück nicht brauchten. Beim Schnorcheln haben wir Fische in den tollsten Farben gesehen, von Smaragdgrün bis zu Kornblumenblau war alles dabei. Was die Natur alles auf Lager hat! Opa war in Hochform! Gegen Abend konnten wir dann auch noch beobachten, wie die glutrote Abendsonne im dunkelblauen Meer versank. Wir denken an dich und wünschen dir gute Besserung!
Alles Liebe von Oma und Opa

2

zusammengesetztes Nomen/Substantiv	Bestimmungs- + Grundwort	Art der Zusammensetzung
das Urlaubsland	der Urlaub + das Land	N/S + N/S
das Sprunggelenk	der Sprung + das Gelenk	N/S + N/S
eine Bootsfahrt	das Boot + die Fahrt	N/S + N/S
die Schwimmweste(n)	schwimmen + die Weste	V + N/S
das Smaragdgrün	der Smaragd + grün	N/S + A
das Kornblumenblau	die Kornblumen + blau	N/S + A
die Hochform	hoch + die Form	A + N/S
die Abendsonne	der Abend + die Sonne	N/S + N/S

zusammengesetztes Adjektiv	Bestimmungs- + Grundwort	Art der Zusammensetzung
wunderschön	das Wunder + schön	N/S + A
grasgrün	das Gras + grün	N/S + A
knallgelb	der Knall + gelb	N/S + A
glutrot	die Glut + rot	N/S + A
dunkelblau	dunkel + blau	A + A

Seite 37

1 selten, verbunden, frei: die Seltenheit, die Verbundenheit, die Freiheit
leiten, kreuzen, drohen: die Leitung, die Kreuzung, die Drohung
freundlich, dankbar, kostbar: die Freundlichkeit, die Dankbarkeit, die Kostbarkeit
Freund, Meister, Mann: die Freundschaft, die Meisterschaft, die Mannschaft
hindern, erleben, erkennen: das Hindernis, das Erlebnis, die Erkenntnis
reich, eigen: der Reichtum, das Eigentum
Verkäufer, Lehrer, Sänger: die Verkäuferin, die Lehrerin, die Sängerin

2 Das nördliche Deutschland, ein stürmischer Wind, niedrige Temperaturen, ein fruchtbares Land, eine mühsame Arbeit, sächsische Mundart, französische Mode, ein furchtbares Unglück, essbare und giftige Pilze, eine sparsame Hausfrau, eine glaubhafte Aussage

3 Die Arbeit ist gelungen. → Die Arbeit ist misslungen.
Mir gefällt seine Haltung. → Mir missfällt seine Haltung.
Ich achte ihn. → Ich verachte ihn.
Er hat sauber geschrieben. → Er hat unsauber geschrieben.
Er ist ein freundlicher Junge. → Er ist ein unfreundlicher Junge.
Er hat es uns geraten. → Er hat es uns abgeraten.

Teste dein Wissen!

Seite 38

1 **Zusammensetzungen**

Nomen/Substantive	Adjektive
der Kurzurlaub: A + N/S	*wunderschön: N/S + A*
das Wochenende: N/S + N/S	*zahlreich: N/S + A*
der Reiterhof: N/S + N/S	*schneeweiß: N/S + A*
der Reitlehrer: V + N/S	*hellbraun: A + A*
der Schnupperkurs: V + N/S	*liebevoll: N/S + A*

8 Punkte

Ableitungen

Nomen/Substantive mit Suffixen	Adjektive mit Suffixen	Verben mit Präfixen
die Freiheit	richtig	sich erholen
das Erlebnis	traumhaft	erleben
die Übernachtung	gemütlich	verschaffen
die Wirklichkeit	störrisch	belegen
	ängstlich	beobachten
		bewegen
		versorgen

13 Punkte

Insgesamt zu erreichende Punktzahl: 21 Punkte

Die Tempora (Zeitformen) der Verben

Seite 39

1 a

Wer hat die Sternbilder erfunden?

Vor ungefähr 5000 Jahren begannen die Menschen an verschiedenen Orten der Erde mit der Beobachtung der Sterne. Wenn man nachts den Himmel betrachtet, verbinden sich bestimmte Sterne vor dem eigenen Auge zu Mustern. Das sahen schon damals Menschen in Südamerika, in Asien und in Nordafrika. Bestimmten Sternverbindungen gaben sie Namen. Die ältesten Sternbilder, die wir heute noch verwenden, haben die Babylonier vor ungefähr 3500 Jahren festgelegt. Sie erfanden zwölf Sternbilder, die sie den „Tierkreis" nannten, obwohl nicht nur Tierbilder dazugehören. Es sind die Sternzeichen wie Steinbock, Zwillinge oder Wassermann, in die wir heute das Jahr einteilen. Du kennst dein Sternzeichen sicher auch. Viele andere Sternbilder haben wir von den Griechen übernommen. Vor ungefähr 100 Jahren einigten sich Gelehrte weltweit auf eine Liste von 88 gültigen Sternbildern.

2 Im Osten geht die Sonne auf, im Süden nimmt sie ihren Lauf, im Westen muss sie untergehen, im Norden ist sie nie zu sehen.

Seite 40

1 a, b Diese Sätze mit Futurformen musst du in dieser Reihenfolge durchlaufen:
Ich werde zum ersten Mal die Erde betreten. Meine Kinder werden mich jetzt drei Wochen nicht sehen. In einem der Ozeane werde ich baden. Ich habe meinem Sohn versprochen, dass ich einen Seestern mitbringen werde. Wird der Himmel wirklich blau aussehen, wie es in den Büchern steht?

2 a, b Wenn ich zur Erde reise, werde ich auch im farbigen Licht des Sonnenuntergangs am Strand sitzen. Ich werde auch in türkisblauem Wasser schwimmen und das Meer wird meterhohe Wellen schlagen. Beim Schnorcheln werde ich große Fischschwärme und vielleicht sogar einen Rochen entdecken. Nachts wird der helle Schein unseres Mondes auf der Wasseroberfläche funkeln.

Seite 41

2 Das könntest du erzählen:

„Ich habe lange in meinem Bett wach gelegen, weil der Vollmond so hell in mein Fenster geschienen hat. Da habe ich eine Idee gehabt: Ich habe mir mein Fernglas geholt und habe aus dem Fenster geschaut. Dann bin ich auf das Fensterbrett geklettert, um den Mond besser sehen zu können. Un wirklich: Ich habe die Mondkrater genau erkannt. Den Hund habe ich gar nicht bemerkt. Er hat mich plötzlich am Schlafanzug gepackt, er hat wohl versucht, mich zurückzuziehen. Da bin ich erschrocken, habe das Gleichgewicht verloren und bin ins Gebüsch gefallen. Ich habe dann um Hilfe gerufen, was ihr zum Glück gehört habt."

3 Mögliche Lösung:
Ich bin geklettert. | Ich bin nachts geklettert. | Ich bin nachts aus dem Fenster geklettert. | Ich bin nachts bei Vollmond aus dem Fenster geklettert. | Ich bin nachts bei Vollmond im Schlafanzug aus dem Fenster geklettert.

Seite 42

1

Infinitiv	Präsens	Präteritum
reisen	ich reise	ich reiste
nehmen	du nimmst	du nahmst
aufgehen	er/sie/es geht auf	er/sie/es ging auf
begreifen	wir begreifen	wir begriffen
beobachten	ihr beobachtet	ihr beobachtetet
schweigen	sie schweigen	sie schwiegen

2

Die erste Mondlandung

Als erster Mensch betrat am 20. Juli 1969 der amerikanische Astronaut Neil Armstrong den Mond und sagte beim Betreten der Mondfläche den berühmten Satz: „Das ist ein kleiner Schritt für einen Menschen, aber ein großer für die Menschheit." Am 16. Juli 1969 startete die Rakete der Mission „Apollo 11" von Cape Canaveral in Florida und benötigte drei Tage, um die Mondumlaufbahn zu erreichen. Der Flug verlief ohne Probleme. Die Astronauten wechselten in eine kleinere Mondlandefähre, die den Namen „Eagle" (englisch für „Adler") trug. Am 20. Juli 1969 um 20:17:58 Uhr meldete Neil Armstrong per Funkspruch: „The Eagle has landed."

Seite 43

1

Nachdem ein winziger Punkt im Nirgendwo begonnen hatte, sich plötzlich auszudehnen, entstand das Universum. Bevor dann aber die ersten Sterne als verdichtete Gase leuchteten, hatte das Universum wie eine heiße Suppe vor sich hin gekocht. Nachdem diese ersten Sterne ausgebrannt waren, schleuderten sie kleinere Teile ins Weltall. Aus diesen Sternresten bildeten sich stabilere Sterne. So entstand auch unsere Sonne.

2 a, b
A Nachdem weltweit das Internet eingeführt worden war, gab es die Möglichkeit, mit Menschen auf der ganzen Welt schnell in Kontakt zu treten.
B Nachdem ausreichend Satelliten ins All geschickt worden waren, ließen sich die Menschen von Navigationssystemen leiten.
C Nachdem viele Tierarten bereits ausgestorben waren, wurden Regelungen zum Artenschutz entwickelt.
D Nachdem viele Europäer aus der Kirche ausgetreten waren, wurden Kirchen teilweise in Kletterhallen umfunktioniert.

Teste dein Wissen!

Seite 44

1 nahmen … an (Präteritum) | existieren (Präsens) | glaubte (Präteritum) | wissen (Präsens) | beflügelt hat (Perfekt) | hat … erbracht (Perfekt) | gibt (Präsens) | wussten (Präteritum) | beobachtet hatten (Plusquamperfekt) | wegtauen (Präsens) | bedeckt (Präsens) *11 Punkte*

2 seiten – waren | bringten – brachten | sind … gewesen – werden … sein | hatten … berücksichtigt – haben … berücksichtigt *8 Punkte*

Insgesamt zu erreichende Punktzahl: 19 Punkte

Satzglieder

Seite 45

1 a, b, c
1. Satz: Viele Kinder reisen zu einem internationalen Fest.
Zu einem internationalen Fest reisen viele Kinder.

2. Satz: Begeistert erzählen sie von ihren Schätzen.
Von ihren Schätzen erzählen sie begeistert.
Sie erzählen begeistert von ihren Schätzen.

2 a
1. Satz: grammatikalisch: viele Kinder, reisen
2. Satz: grammatikalisch: sie, erzählen

b
1. Satz: viele Kinder → Subjekt | reisen → Prädikat
2. Satz: sie → Subjekt | erzählen → Prädikat

Seite 46

1 a, b Elefanten atmen durch den Rüssel. Zum Trinken saugen sie Wasser in den Rüssel. Dann spritzen die Tiere Wasser in ihr Maul. Kein Elefant trinkt durch seinen Rüssel. Der auffällige Körperteil dient auch zum Riechen und Tasten. Nun weißt du einiges über die besondere Elefantennase.

2 a, b

Afrikanischer Elefant

Es ist kein größeres lebendes Landsäugetier als der Afrikanische Elefant bekannt. Er ist durch Wilderei und Zerstörung seines Lebensraums aus großen Teilen Afrikas verschwunden. Vor 30 Jahren wurde das Aussterben der Art für 2010 vorhergesagt. Doch Dank der Einrichtung von Nationalparks hat der Elefantenbestand erfreulich zugenommen. In der Nähe von Nairobi befindet sich sogar ein Elefanten-Waisenhaus. Dort werden Elefantenkälber auf das Leben in der Wildnis vorbereitet.

Seite 47

1 Wer oder was erzählt den Kindern vom heiligen Berg Uluru? ⟶ Julia und John aus Australien
Wer oder was rankt sich um den Uluru? ⟶ viele Geschichten
Wer oder was wird in den Geschichten erklärt? ⟶ Aussehen und Entstehung des Berges
Wer oder was zählt zu den heiligen Plätzen am Uluru? ⟶ Felsbecken mit Wasser
Wer oder was darf die heiligen Orte nicht sehen? ⟶ Touristen
Wer oder was erlaubt den Besuchern den Aufstieg zum Gipfel? ⟶ die Ureinwohner

2 Felsenzeichnungen in den Höhlen des Uluru zeigen Riesenkängurus. (Wer oder was zeigt Riesenkängurus? ⟶ Felszeichnungen in den Höhlen des Ulurus)
Im Laufe von Jahrtausenden verblasste die Farbe. (Wer oder was verblasste im Laufe von Jahrtausenden? ⟶ die Farbe)
Heute bewahren wir die Bilder mithilfe von Computertechnik auf. (Wer oder was bewahrt die Bilder mit Hilfe von Computertechnik auf? ⟶ wir)

Seite 48

1 Guo Shuang erzählt den anderen Kindern eine spannende Geschichte.
– Wem erzählt Guo Shuang eine spannende Geschichte? – den anderen Kindern
– Was erzählt Guo Shuang den anderen Kindern? – eine spannende Geschichte

In China baute ein Lehrer den Fischerkindern am Hongze-See ein Schulschiff.
– Wem baute in China ein Lehrer ein Schulschiff? ⟶ den Fischerkindern am Hongze-See
– Was baute in China ein Lehrer den Fischerkindern am Hongze-See? ⟶ ein Schulschiff

2

die Familien	⟶ D ⟶ Ein Lehrer baut **den Familien** aus einem alten Schiff eine Schule.
	⟶ A ⟶ Er lädt **die Familien** in die neue Schule ein.
die Schüler	⟶ A ⟶ Fischerboote bringen **die Schüler** zum Schulschiff.
	⟶ D ⟶ Ein Koch liefert **den Schülern** mit seinem Ruderboot das Mittagessen.
die Kinder	⟶ D ⟶ Das leichte Schaukeln gefällt **den Kindern**.
	⟶ A ⟶ Beim Schreiben stört es **die Kinder** allerdings ein bisschen.
der Lehrer	⟶ D ⟶ Die Schüler sind **dem Lehrer** dankbar für ihr Schulschiff.
	⟶ A ⟶ Aber sie fürchten **den Lehrer** auch, weil er sehr streng ist.

Seite 49

1

Adverbiale Bestimmung	Frageprobe
adverbiale Bestimmung der Zeit	6. Wann brauchen sie besonders viel Körperkontakt? 7. Wann werden die Elefanten wieder zurück in die Savanne gebracht?
adverbiale Bestimmung des Ortes	1. Woher kommt Esta? 2. Wo sind in den meisten Ländern die Tiere nur zu sehen? 8. Wohin werden die Elefanten nach einiger Zeit gebracht?
adverbiale Bestimmung des Grundes	3. Warum haben die Elefanten-Babys ihre Mütter verloren? 9. Warum erkennen sie ihre Pfleger?
adverbiale Bestimmung der Art und Weise	4. Wie leben die kleinen Elefanten? 5. Wie wollen die kleinen Elefanten spielen?

Seite 50

2 (1) mit klopfendem Herzen → adverbiale Bestimmung der Art und Weise
(2) vor den vielen Kindern aus aller Welt → adverbiale Bestimmung des Ortes
(3) auf der Insel Sumatra → adverbiale Bestimmung des Ortes
(4) in der ganzen Welt → adverbiale Bestimmung des Ortes
(5) wegen seines Reichtums an Tieren und Pflanzen → adverbiale Bestimmung des Grundes
(6) in den Wäldern Sumatras → adverbiale Bestimmung des Ortes
(7) mit Glück → adverbiale Bestimmung der Art und Weise
(8) in einem unberührten Regenwald → adverbiale Bestimmung des Ortes
(9) so dicht → adverbiale Bestimmung der Art und Weise
(10) bis auf den Boden → adverbiale Bestimmung des Ortes
(11) aufgrund der dichten Baumkronen → adverbiale Bestimmung des Grundes
(12) das ganze Jahr über → adverbiale Bestimmung der Zeit
(13) in diesem Baumkronendach → adverbiale Bestimmung des Ortes
(14) die meiste Zeit → adverbiale Bestimmung der Zeit
(15) wegen ihrer langen Arme → adverbiale Bestimmung des Grundes
(16) auf dem Boden → adverbiale Bestimmung des Ortes
(17) nur unbeholfen → adverbiale Bestimmung der Art und Weise
(18) jetzt → adverbiale Bestimmung der Zeit
(19) besonders stark → adverbiale Bestimmung der Art und Weise
(20) mit aller Kraft → adverbiale Bestimmung der Art und Weise
(21) am Ende von Susilos Vortrag → adverbiale Bestimmung der Zeit

Seite 51

1 a, b eine silberne Münze mit einem Wappen | eine goldene Kette mit Anhänger | ein kleines Büchlein mit Gedichten | ein altes Bild meiner Uroma | glatte Steine vom Strand | bunte Muscheln des Meeres | ein rotes Glas aus Kristall

2 a Vater schenkte seinem ältesten Sohn einige wertvolle Briefmarken seiner Sammlung.

b Einige wertvolle Briefmarken seiner Sammlung schenkte Vater seinem Sohn.
Seinem ältesten Sohn schenkte Vater einige wertvolle Briefmarken seiner Sammlung.
Vater schenkte einige wertvolle Briefmarken seiner Sammlung seinem Sohn.

Seite 52

1 a, c Mögliche Verbesserung des Textes:

Gummi – ein Schatz Brasiliens

In Brasilien gibt es viele Schätze. **Dort** gibt es auch den Kautschukbaum. Ohne **ihn** gäbe es keine Autoreifen. Kautschuk ist ein anderes Wort für Gummi. Es kommt aus dem Indianischen und bedeutet übersetzt „Baumtränen". Die Kautschukbauern ritzen mit einem Messer die Rinde an und fangen die weiße Flüssigkeit mit einem kleinen Schälchen auf. Damit das Gummi herauskommt, muss man ein wenig Säure **hineingeben**. Dadurch gerinnt die Flüssigkeit und das Gummi kann in Brocken herausgenommen werden. **Diese** werden zu dünnen Lappen ausgewalzt oder zu dicken Blöcken gepresst und **getrocknet**. So ist der Kautschuk zwar schon dehnbar und stabil, er ist aber noch nicht sehr haltbar. Deshalb wird **er** vulkanisiert, das heißt, **er** wird mit Schwefel erhitzt. Obwohl es heutzutage viele künstliche Materialien gibt, die auch dehnbar und doch stabil sind, wird das Gummi aus den Bäumen immer noch gebraucht.

2 danach, als Nächstes, nun, darauf, später, im Anschluss, zuletzt, am Schluss, am Ende

Seite 53

3 Seit drei Jahren lebt Grit in Magdeburg. Täglich kommt sie auf ihrem Schulweg am Magdeburger Dom vorbei.
Inzwischen weiß sie viele interessante Einzelheiten über den Dom.

4 **Der Dom**

Wenn du einmal den Magdeburger Dom besuchst, solltest du unbedingt in den Kreuzgang südlich des Doms gehen. Er ist wegen seiner schönen Atmosphäre besonders sehenswert. Dort befinden sich die Reste des 937 gegründeten Moritzklosters, das im Jahr 1207 einem Brand zum Opfer fiel.
Der Legende nach konnte der Dom nur mithilfe des Schäfers Thomas Koppehele wieder aufgebaut werden. Dieser soll beim Hüten seiner Schafe einen Goldschatz gefunden haben. Diesen habe er zum Wiederaufbau des Doms gestiftet. Aus Dankbarkeit ließ der Erzbischof das steinerne Bild des Schäfers an der sogenannten Paradiespforte anbringen.

Teste dein Wissen!

Seite 54

1 Oscar – Subjekt / Wer oder was? – die Bauern;
Wegen der großen Hitze – adv. Best. des Grundes / Warum? – aufgrund der tropischen Hitze;
werden gebraucht – Prädikat / Was wird getan? – verpacken;
nach Deutschland – adv. Best. des Ortes / Wo? Wohin? – in der Rösterei;
mit Milch und Zucker – adv. Best. der Art und Weise / Wie? Womit? – als Hase;
Oscar – Subjekt / Wer oder was? – Die Kakaobohne *17 Punkte*

2 Richtig sind C, D, F. | Falsch sind A, B, E. *6 Punkte*

Insgesamt zu erreichende Punktzahl: 23 Punkte

Satzarten unterscheiden

Seite 55

1 **Leerer Magen studiert nicht gern**

Einer Umfrage des Issgut-Instituts zufolge geht jedes siebte Kind ohne Frühstück aus dem Haus,
aber mit leerem Magen kann keiner gut lernen.
Kein Kind sollte mit leerem Magen zur Schule gehen, denn ein schlauer Kopf benötigt auch ein gutes Frühstück.
Mit einem Frühstück sind Kinder im Schulalltag konzentrierter und sie sind auch weniger nervös und reizbar.

2 Es gibt viele Gründe für ein fehlendes Frühstück, doch am häufigsten werden Appetitlosigkeit und Zeitmangel genannt.
Man kann niemanden zum Essen zwingen, aber jeder sollte sich wohl zu einem Glas Milch oder Fruchtsaft bewegen lassen.
In den Schulpausen essen manche vor lauter Heißhunger Schokoriegel, denn diese Süßigkeiten sind schnell verfügbar,
aber man hat schon bald erneut Hunger.

Seite 56

1 **Menschen haben Träume, | die im Kopf wie Kino wirken**
Ein Professor bat seine Zuhörerinnen und Zuhörer, | dass sie die Augen schließen und sich Tiere vorstellen sollten. Als der Saal sozusagen voller Tiere war, | öffnete das Publikum die Augen wieder. Das Publikum erkannte erstaunt, | dass man auch am Tag träumen kann. Wie Tagträume auch beim Lernen helfen, | das erklärte der Professor auch. Manchmal schweift das Gehirn in Tagträume ab, | während es neue Eindrücke ordnet.

2 Träume wirken häufig sehr wirklich, weil sie in Bildern ablaufen.
Traumbilder zeigen unterschiedliche Orte und Zeiten, die oft völlig wirr durcheinanderlaufen.
In Traumszenen spielt der Träumende, der vielleicht plötzlich etwas ganz Tolles kann, die Hauptrolle.

3 **nachgestellt:** Träume wirken häufig sehr wirklich (Hauptsatz), weil sie in Bildern ablaufen (Nebensatz).

nachgestellt: Traumbilder zeigen unterschiedliche Orte und Zeiten (Hauptsatz), die oft völlig wirr durcheinanderlaufen (Nebensatz).

eingeschoben: In Traumszenen spielt der Träumende (Hauptsatz), der vielleicht plötzlich etwas ganz Tolles kann (Nebensatz), die Hauptrolle (Hauptsatz).

Seite 57

4 **V** Wenn ich meinen Traumberuf ausüben kann, werde ich sehr glücklich sein.
E Meine Trauminsel, auf der ich gern Urlaub machen würde, ist Rügen.
E Erst um 10 Uhr fängt meine Traumschule, die direkt am Meer liegt, an.
N Ich träume davon, dass ich später einmal auf einem Leuchtturm wohnen kann.

5 Im Nebensatz steht die Personalform des Verbs, die finite Verbform, immer am Satzende.

6 a, b Als Leuchtturm wird in der Seefahrt ein etwa 15 bis 40 Meter hoher Turm bezeichnet, der an wichtigen oder gefährlichen Punkten der Schifffahrt als weithin sichtbares Seezeichen dient.
Durch seine Lichtsignale, die man auch Leuchtfeuer nennt, weist er den Schiffen den Weg.
Sie ermöglichen das Umfahren gefährlicher Stellen, sodass Leuchttürme wahre Lebensretter sind.
Leuchttürme bilden ein beliebtes Fotomotiv für Urlauber, weil sie beeindruckende Bauwerke sind.
Leuchttürme sind ein ermutigendes Symbol, da sie nachts Licht spenden und die Heimkehr ermöglichen.

Teste dein Wissen!

Seite 58

1 **A** Ein Satzgefüge besteht aus mindestens einem Hauptsatz und einem Nebensatz.
B Zwischen Hauptsatz und Nebensatz muss immer ein Komma gesetzt werden.
C Die Personalform des Verbs steht im Nebensatz immer an letzter Stelle. *3 Punkte*

2 a Satz A ist ein Hauptsatz. *1 Punkt*

b Die Sätze B und C sind Satzreihen. *2 Punkte*

c Satz B: Satzreihe | Satz C: Satzreihe + Aufzählung *3 Punkte*

d **D** Wenn jemand beim Spinnen oder Weben den Faden verliert, kann er erst einmal nicht weiterarbeiten.
E Jemand weiß beim Reden den Gedanken nicht mehr, den er ausdrücken wollte.
F Dahinter steckt die Vorstellung vom Lebensfaden, den die griechischen Schicksalsgöttinnen spinnen.
G Falls der Lebensfaden zu dünn ist, könnte er reißen. *8 Punkte*

e Falls der Lebensfaden zu dünn ist, könnte er reißen. *1 Punkt*
Nebensatz Hauptsatz

Insgesamt zu erreichende Punktzahl: 18 Punkte

Rechtschreibung

Was kannst du schon?

Seite 59

1 B r o t | k o r b | T r i n k | g l a s | T e e | k a n n e | T o a s t | s c h e i b e | H o n i g | g l a s *4 Punkte*

2 Haar-bürs-te | Du-sche | Wasch-be-cken *3 Punkte*

3 Häuser (Haus) | Häute (Haut) | Plätzchen (Platz) | Gebäude (Bau) | ängstlich (Angst) | Säugetier (saugen) *5 Punkte*

4 Geld, Gelder | Urlaub, Urlaube | lustig, lustiger | Hemd, Hemden | Trab, traben | Wink, winken | Zelt, Zelte | halb, halbieren | Spuk, spuken *8 Punkte*

5 Im Sommer ist einfach alles viel besser: Man braucht keinen Pullover und muss sich nicht im Zimmer langweilen. Man kann Fußball spielen und schwimmen gehen. *16 Punkte*

6 Straßenbahnen fahren mit Strom, den sie durch Stromabnehmer aus der Oberleitung bekommen. Ihre Elektromotoren geben keine Abgase ab. Straßenbahnen sind ein sehr bequemes Verkehrsmittel. Man kann während der Fahrt frühstücken oder lesen. *20 Punkte*

7 Biene | Stier | Igel | Fisch | Spinne | Tiger | Fliege | Ziege *8 Punkte*

Seite 60

8 **Wörter mit ß:** draußen | schießen | Straße | außerdem **Wörter mit ss:** müssen | Schluss | interessant | Wissen *8 Punkte*

9

Groß oder klein?	ein Fehler	kein Fehler
A In der Garage steht ein neues Auto.		X
B In der Garage steht ein Neues Auto.	X	
C Unsere vier Fahrräder haben jetzt keinen platz mehr.	X	
D Unsere Vier Fahrräder haben jetzt keinen Platz mehr.	X	
E Unsere vier Fahrräder haben jetzt keinen Platz mehr.		X
F Sie sind in den Keller verbannt worden.		X

6 Punkte

10 Der Kindersitz gibt kleineren Kindern im Auto mehr Sicherheit. Sie sitzen geschützter, sind angeschnallt und haben auch seitlich einen guten Halt. Das ist wichtig, wenn ein Kind einschläft. Für Größere genügt der Junior-Autositz. Ein Kind darf erst ohne Kindersitz mitfahren, wenn es mindestens 12 Jahre alt oder 1,50 Meter groß ist. *12 Punkte*

11 Die meisten Kinder fahren gern Fahrrad, lieben Ballspiele und schauen fern. Manche sitzen zu lange vor dem Fernseher oder dem Computer und treiben zu wenig Sport. Meist sind Kinder am liebsten draußen im Garten, auf dem Bolzplatz oder auf der Straße. *3 Punkte*

12 „Eigentlich wollte ich heute draußen spielen", seufzt Clemens. „Und warum", fragt sein Bruder, „machst du es nicht?"
„Dumme Frage!", antwortet Clemens. „Es regnet und meine Gummistiefel haben ein Loch." *5 Punkte*

Fehler vermeiden

Seite 61

1

Vom Poesiealbum zum Freundschaftsbuch

Ein Poesiealbum ist eine Art Erinnerungsbuch. Es gilt als Freundschaftsbeweis, sich mit einem lustigen oder besinnlichen Spruch oder Gedicht verewigen zu dürfen. Viele Poesiealbumsprüche beinhalten einen Treueschwur oder ein „Vergissmeinnicht". Poesiealben gibt es seit mehreren Jahrhunderten. Heute sind Freundschaftsbücher beliebt, in denen man sich mit seinen Lebensdaten, Vorlieben, Hobbys und einem Foto präsentiert.

Seite 62

1 b der Ses-sel, der Ofen, das Bett, das Kis-sen, die De-cke, der Ted-dy-bär, das Fens-ter, der Blu-men-topf, die Pflan-ze, der Schreib-tisch, der Schreib-tisch-stuhl, der Com-pu-ter, der Klei-der-schrank, die Ta-sche, die Ja-cke, der Ho-cker, der Pa-pier-korb, das Bü-cher-re-gal, die Zeit-schrif-ten, das Aqua-ri-um, die Fi-sche, die Zei-tung

2 Spiegel | glatt | eis | gefahr | warnung
Sommer | schluss | verkauf | schnäppchen | jäger
Schul | haus | tür | rahmen | holz | band | wurm | loch

3 a, b **Wörter mit Vorsilbe ver-/Ver-:** das Versteck | vernehmen | das Vertrauen | verschreiben | vermutlich | versorgen | der Verteiler
Wörter mit f-/F-: die Ferne | das Ferkel | fertig | die Ferien | der Fernseher

Seite 63

1 a, b, c sehen: die Sehkraft, der Sehtest, du siehst, das Fernsehprogramm
geschehen: es geschieht, das Geschehnis, was geschah?
gehen: die Herangehensweise, es geht, der Gehweg, gehst du?
stehen: das Stehcafé, ihr steht, die Stehleiter, das Stehaufmännchen

2 der Schädling – schaden | die Läuse – die Laus | häuslich – das Haus | häufig – der Haufen | die Wäsche – waschen | färben – die Farbe | wählen – die Wahl | die Härte – hart | aufräumen – der Raum

3 die Fläche – flach | schädlich – der Schaden | häuslich – hausen | schäumen – der Schaum | der Händler – handeln | stärken – stark

Seite 64

1 die Bänder, die Pferde, die Hüte, die Räder, die Monde, die Kleider, die Zelte, die Münder, die Zwerge, die Bänke, die Brote, die Siebe

2 klug – klüger – am klügsten | lieb – lieber – am liebsten | wild – wilder – am wildesten | groß – größer – am größten | flink – flinker – am flinksten | kalt – kälter – am kältesten

3 alt, älter, am ältesten | bunt, bunter, am buntesten | krank, kränker, am kränksten | jung, jünger, am jüngsten | fremd, fremder, am fremdesten

4 Ein Auto biegt um die Ecke. – Zwei Autos biegen um die Ecke.
Es hält und hupt. – Sie halten und hupen.
Eine alte Dame hinkt herbei und steigt ein. – Zwei alte Damen hinken herbei und steigen ein.

Seite 65

5 Korbsessel → Körbe | Schwierigkeiten → schwieriger | Streitfall → streiten | Tausendfüßler → Tausende | Königreich → Könige | Gesundheit → gesunde | Bankangestellter → Banken

6 a, b versüßen, Süßigkeit, süß, Süßstoff | felsig, Felsbrocken, Felsen, Fels | Eis, eisig, vereisen, Eisschicht

Seite 66

1 a **A**prikose, **B**utter, **C**hips, **D**attel, **E**rbsen, **F**olienkartoffel, **G**emüse, **H**onig, **I**ngwer, **J**ohannisbeeren, **K**akao, **L**imonade, **M**andeln, **N**üsse, **O**rangensaft, **P**uddingpulver, **Q**uark, **R**adieschen, **S**onnenblumenöl, **T**oast, **V**anille, **W**eintraube, **Z**ucker

b U, X, Y

2 Pommes Frites (frz.), Zucchini (ital.), Croissant (frz.), Zaziki (griech.), Sushi (jap.), Paella (span.), Borschtsch (russ.), Kuskus und Couscous (arab.) sind richtig geschrieben.

Teste dein Wissen!

Seite 67

1 **Verlängerungsprobe:** Rundfunk (funken), Volkslied (Volkslieder), dauernd (dauernde)
Ableitungsprobe: schäumend (Schaum), gräbt (Graben), Päuschen (Pause) *7 Punkte*

2

Kreuze an.	richtig	falsch
A Beim Verlängern kann aus einem stimmlosen s ein stimmhaftes s werden.	X	
B Ein Nomen kann man gut verlängern, indem man den Plural bildet.	X	
C Dieselbe Vorsilbe wird immer mit demselben Anfangsbuchstaben geschrieben.	X	
D Für einige Wörter mit ä und äu gibt es keine Ableitungsmöglichkeit.	X	
E Das Zerlegen von Wörtern dient ausschließlich der richtigen Silbentrennung.		X

5 Punkte

b **1** Wald → Wälder – Aussage B
2 Käfer, Käfig, Käse, Känguru – Aussage D
3 Kleid → Kleider, Fuß → Füße – Aussage B
4 Schmaus → schmausen, Gras → Gräser – Aussage A
5 verbieten, Verkauf, verloren, vermissen, Verspätung – Aussage C *5 Punkte*

3 Run**d**we**g**weiser: rund, Weg, weiser
Flu**g**zeu**g**träger: Flug, Zeug, Träger
Win**d**hun**d**rennen: Wind, Hund, Rennen
Hei**ß**luf**t**ballon: heiß, Luft, Ballon
Nach**t**blin**d**flug: Nacht, blind, Flug
Hal**b**zei**t**pause: halb, Zeit, Pause
Han**d**stau**b**sauger: Hand, Staub, Sauger
Wan**d**ma**ß**ban**d**: Wand, Maß, Band *8 Punkte*

Insgesamt zu erreichende Punktzahl: 25 Punkte

Üben macht sicher

Seite 68

1 a **Zufall** | Wenn | statt | jemand | anderer | Welt | gekommen | Schwester | irgendein | fremdes | Welt | dann | mich | und | denn | dann | ich | und | würd | mich | irgendwer | vermissen | es | von | wissen | Statt | ganz | anderes | Kind | würde | Eltern | und | hätte | ganzes | im | Spind | hätten

b, c **Wörter mit zwei oder mehr verschiedenen Konsonanten nach dem betonten, kurzen Vokal:**
jemand | anderer | Welt | Schwester | irgendein | fremdes | Welt | und | würd | irgendwer | ganz | anderes | Kind | ganzes | Spind
Wörter mit verdoppeltem Konsonanten nach dem betonten, kurzen Vokal:
Zufall | wenn | statt | gekommen | dann | denn | dann | vermissen | wissen | statt | hätte | hätten

Seite 69

2 a, b – Suppe, Puppe, Gruppe, Kuppe
– Tasse, Trasse, Kasse, Gasse
– Kelle, Schelle, Pelle, Delle
– Süppchen, suppig, Suppentasse, Suppenkasper
– Püppchen, puppig, Puppenhaus, Puppenspiel, Puppenspieler/in
– Grüppchen, Gruppierung, gruppieren, gruppiert, Gruppenarbeit

3 a, b SAUERSTOFF | BALLETT | BRENN | SCHLUSS | BETT | FLASCHE | STOFF | STRICH | WOLL | FAHRT | SCHIFF | LAPPEN | FETZEN | TUCH | TÄNZERIN | NESSEL

A das benötigen Taucher: Sauerstoffflasche
B abgerissenes Stück Stoff: Stofffetzen
C anderes Wort für Bettlaken: Betttuch
D tanzt auf den Zehenspitzen: Balletttänzerin
E schließt eine Rechnung ab: Schlussstrich
F kleines Wolltuch: Wolllappen
G „Eine …, die ist lustig“: Schifffahrt
H Kraut mit Brennhaaren: Brennnessel

Seite 70

4 **Wörter mit ck:** verstecken, erschrecken, knacken, ducken, spucken, Dackel, Glocke, wecken, pflücken, Socken, ersticken
Wörter mit tz: Plätzchen, Schatz, Spatz, kratzen, verletzen, Katze, Tatze, hetzen, wetzen, Gemetzel

5 **Nächtlicher Streit zwischen Fußball und Computer**

Ein Fußba**ll** me**ck**ert aus der Wohnzi**mm**ere**ck**e: „Mir sti**n**kt die Langeweile. Keiner wi**ll** mehr Ba**ll** spielen. Das ist o**ff**ensichtlich zu gefährlich geworden. Man ka**nn** sich beim Spielen schmu**tz**ig machen, die Beine verle**tz**en und ma**n**chmal schießt man Fensterscheiben kapu**tt**.“ „Fa**ll** bloß nicht auf das Gerede der Kinder rein. Du hast wohl noch nicht begri**ff**en, dass ich ihnen eine ganz andere Welt erö**ff**nen ka**nn**. Da ko**mm**st du nicht mit. Oder ka**nn**st du armes, zerkra**tz**tes Teil etwa to**ll**e Geräusche machen und spa**nn**ende Spiele durch Verne**tz**ung mit anderen Computern bieten?“

Seite 71

1 Buch, malen, Ton, Besen, haben, Dose, Blume, suchen, Vase, wenig, Bote, lesen, Wut

2 **waagerecht:** Wohnung | Zahlung | Gefühl | Ruhm
senkrecht: Wahn | Wahl
verwandte Wörter: Wohnung – wohnen | Zahlung – zahlen | Gefühl – fühlen | Ruhm – rühmen | Wahn – Wahnsinn | Wahl – wählen

3 prahlen – strahlen – mahlen | lahm – Rahm – zahm | Hahn – Wahn – Kahn | verwahren – bewahren – in den Jahren

Seite 72

4 **Bastelanleitung für die Lokomotive von Lukas und Jim Knopf**

Zeichne eine Vorlage für die Lokomotive auf sehr festes Papier oder auf Pappe. Schneide sie aus. Schneide nun aus mehreren bunten Stoffresten Streifen und Muster aus und beklebe damit das Fahrzeug von Jim und Lukas. Durch unterschiedliche Stoffe werden Fahrerhaus, Räder und Schlot betont. Ziehe mit der Nadel einen Faden vom Fahrerhaus zum Schlot und verknote die Enden.

5 wohnen – ich wohne – er/sie/ es wohnt – er/sie/es wohnte – wir wohnten
fahren – ich fahre – er/sie/es fährt – er/sie/es fuhr – wir fuhren
bohren – ich bohre – er/sie/es bohrt – er/sie/es bohrte – wir bohrten
fühlen – ich fühle – er/sie/es fühlt – er/sie/es fühlte – wir fühlten

6 a Kosmetikartikel: Pu**d**er
oberste Milchschicht: R**a**hm
Sitzgelegenheit: St**u**hl
Material von Schuhen: L**e**der
Niederschlag: **R**egen
Wintergemüse: Koh**l**
Geräusch von Fröschen: Qu**a**ken
Federvieh: H**u**hn
Tätigkeit im Haushalt: **F**egen

b Lösungswort: Dauerlauf

Seite 73

7 **gehen** | wehen | sehen | drehen | stehen | flehen | Zehen
mähen | blähen | nähen
blühen | brühen | glühen

8 gehen – ich gehe – er/sie/es geht – er/sie/es ging – wir gingen
mähen - ich mähe – er/sie/es mäht – er/sie/es mähte – wir mähten
nähen – ich nähe – er/sie/es näht – er/sie/es nähte – wir nähten
flehen – ich flehe – er/sie/es fleht – er/sie/es flehte – wir flehten
drohen – ich drohe – er/sie/es droht – er/sie/es drohte – wir drohten
sehen – ich sehe – er/sie/es sieht – er/sie/es sah – wir sahen

9 a, b Mögliche verwandte Wörter:
gehen: Gehschule – Gehweg – gehend – Geher | bemühen: Mühe – Mühsal – mühsam | Ruhe: ruhen – Ruhekissen – ruhig – geruhsam

10 der Schuh – die Schuhe | das Reh – die Rehe | froh – froher – am frohsten | zäh – zäher – am zähsten | kahl – kahler – am kahlsten

Seite 74

1 **waagerecht:** Haar | Staat | Moos | Moor | Beere | scheel | Saat | Zoo
senkrecht: Boot | See | leer | Fee | Saal | Tee | Aas | Teer

2 Seeräuber | Mittelmeer | Aasgeier | Blumenbeet | Personenwaage | Seelenruhe | Teebeutel | Schneepflug | Kleeblatt | Moorbad

3 **A** breiige Kartoffelspeise: Püree
B islamisches Gebetshaus: Moschee
C Handtuch mit rauer Oberfläche: Frottee
D staatliche Streitkräfte: Armee
E eingedickter Fruchtsaft: Gelee
F Getränk: Tee

Lösungswort: Porree

Seite 75

1 a Dieter Mucke **Die einfältige Glucke**

Dass Küken wachsen mit den Tagen
Nein, das konnt' sie nicht ertragen.

Solang sie klein und niedlich blieben
Ja, da waren sie die Lieben.

Da saß sie mit dem breiten Hintern
Die meiste Zeit auf ihren Kindern.

Sie hatte es am allerliebsten
Wenn sie nur ganz leise piepsten.

Sodass sie jedes niederdrückte
Das sich nicht mehr zum Küken bückte.

Die ließen sich das nicht gefallen
Und sie war enttäuscht von allen.

Worauf sie nur noch Eier mochte
Die Ruhe hielten und keiner kochte:

Sie saß mit ihrem kleinen Grips
Froh und zufrieden auf Eiern aus Gips.

2 raten – ich riet | rufen – du riefst | halten – er hielt | reiben – wir rieben | scheinen – sie schien(en) | schlafen – ich schlief | bleiben – er blieb | anweisen – ich wies an | laufen – du liefst | meiden – wir mieden

Seite 76

3 Musik – musizieren | Telefon – telefonieren | Protest – protestieren | Nummer – nummerieren | Diktat – diktieren | Frisur – frisieren | Kontrolle – kontrollieren | Studium – studieren

4 Maschine | Ruine | Praline | Rosine | Violine

5

Kleine Säugetiere als beliebte Hausgenossen

Wenn du d**i**r schon lange ein Haust**ie**r wünschst, d**i**r jedoch noch unsicher bist, welches du auswählen sollst, dann l**ie**st du d**i**r am besten d**ie**se Tipps durch: Zum Verl**ie**ben sind für Stadtkinder Goldhamster, Mäuse und Kan**i**nchen, denn man kann mit ihnen pr**i**ma sp**ie**len. Auch Ratten sollen mitunter ganz poss**ie**rliche T**ie**rchen sein. Du musst dafür Sorge tragen, dass dein T**ie**r regelmäßig etwas zu fressen kr**ie**gt und du für seinen Käfig eine ruhige Stelle findest. Kläre immer frühzeitig, dass dein Tier in den Fer**ie**n gut versorgt ist. H**ie**rbei kommt es darauf an, dass n**ie**mand überfordert wird. Keiner sollte am Ende sagen: „**Nie wie**der!"

Seite 77

1

Sommerurlaub

In diesem Jahr verbringt die Familie von Sebastian die Sommerferien wieder einmal an der Ostsee. Die Ferienwohnung liegt auf dem Darß und ist sehr gemütlich. Mittags isst Familie Hesse einen leckeren Salat und ein paar Käsebrote, die von der Reise übrig geblieben sind. Anschließend geht es an den Sandstrand. Sebastian packt noch Süßigkeiten ein, Nussschokolade und etwas Kuchen. Susi nimmt das Buch mit, in dem sie gerade liest. Vater Hesse will die Zeitung durcharbeiten und Muscheln für seine Sammlung suchen. Am Nachmittag wird es am Strand so heiß, dass sich die Hesses unter ihren Sonnenschirm verkriechen müssen.

2 a, b **Wörter mit stimmhaftem s-Laut:** Sommerurlaub, Sebastian, Sommer, diesem, Sommerferien, Ostsee, sehr, Salat, Käsebrote, Reise, sind, Sandstrand, Süßigkeiten, Susi, sie, seine, Sammlung, suchen, sich, so, Sonnenschirm
Wörter mit stimmlosem s-Laut: ß: Darß, anschließend, Süßigkeiten, heiß | ss: isst, Hesse, Nussschokolade, dass, müssen | s: Sebastian, Ostsee, ist, mittags, es Süßigkeiten, etwas, das, liest

Seite 78

3 diese | nervös | Preis | Bosheit | Ausweis | er saust | Gras | Hinweis

4 Spaß – spaßig | sie grüßt – Grüße | weiß – weißen | Fuß – Füße | es fließt – fließen | Fleiß – fleißig

5 **A** „Wer hat von meinem Gemüschen gegessen?"
B „Ei, Großmutter, was hast du für große Ohren?"
C „Im Schloss soll eine wunderschöne Königstochter, Dornröschen genannt, schon hundert Jahre schlafen."
D „Heute back ich, morgen brau ich, übermorgen hol ich der Königin ihr Kind! Ach, wie gut, dass niemand weiß, dass ich Rumpelstilzchen heiß."
E „Geißlein, hört die raue Stimme. Das ist der Wolf!"

Seite 79

6 **A** Ella kann es gar nicht fassen, Großmutter kauft sich neue Tassen.
B „Gib mir bitte einen Kuss, weil ich doch jetzt gehen muss."
C Der Delphin macht eine ulkige Posse mit seiner linken, großen Flosse.
D Der Mensch isst, das Tier frisst.
E Statt zu lernen liegt Leni auf dem Kissen, das darf der Lehrer gar nicht wissen.
F Mit der Arbeit ist jetzt Schluss, vor Freude springt Kim in den Fluss.

7 a er lässt | Schweiß | dreißig | Adresse | draußen | ein bisschen | besser | Straße | interessant | nass | außerdem

b **ß nach langem Vokal oder Diphthong:** Schweiß | dreißig | draußen | Straße | außerdem
ss nach kurzem Vokal: er lässt | Adresse | ein bisschen | besser | interessant | nass

c beißen – der Biss | gießen – der Guss | fließen – der Fluss | reißen – der Riss

Seite 80

8

Im Garten plantschen

Matthias und Paul haben ein Schwimmbecken im Garten aufgebaut – sie müssen nur noch das Wasser einlassen. Beide Jungen schnappen sich Gießkannen und schütten Wasser in den Pool. Im Becken gibt es jetzt mehrere kleine Pfützen. So wird es ewig dauern, bis sie hineinspringen können. Paul beißt sich auf die Lippe und denkt nach. Der Biss tut ein bisschen weh. Schließlich schmeißt er die Gießkannen in die Ecke und reißt den Gartenschlauch herunter, um ihn aufzudrehen. Das Wasser spritzt sprudelnd ins Becken. Die Jungen genießen den Anblick des vollen Beckens. Der Genuss wird noch größer, als sie gemeinsam hineinspringen. Sie haben nur leider vergessen, vorher den Schlauch abzudrehen. Der entsetzte Schrei des Nachbarn lässt die beiden aufschrecken. Das Wasser hat sich in seine Blumenbeete ergossen, die blassroten Rosen stehen mit den Füßen in einem großen Teich. Oh Schreck!

9

Maus auf Reisen

Als Stefan neulich morgens draußen auf sein Fahrrad stieg, sah er eine Maus über die Straße flitzen. Bevor sie flugs die Seite wechselte, blickte sie nach rechts und links. Es war kein Auto zu sehen, allerdings bog ein Bus um die Ecke. Die Maus sauste den Rinnstein entlang bis zur Bushaltestelle und wartete dort, bis der Bus hielt. Ein Nachbar von Stefan stieg aus, die kleine Maus flitzte hinein. Stefan grinste, so etwas hätte er sich niemals träumen lassen. Er folgte dem Bus, denn er wollte wissen, was die süße kleine Maus noch alles vorhatte. Stefan vergaß über diesem kleinen Abenteuer vollkommen, dass sein Tag eigentlich völlig anders geplant war. Er folgte dem Bus bis zur Endhaltestelle und passte bei jedem Halt genau auf. Keine Maus kam heraus. Da sah er sie – und musste furchtbar lachen.

Seite 81

1 a

Erste Geige spielen

Es ist dreiviertel vier. Veronika hat Unterricht im Violinenspiel. Ihr Vater hat Visionen. Er hofft, dass die Tochter vielleicht einmal Violinistin wird. Veronika interessiert sich viel mehr für Viecher, sie hätte vor allem gern einen Vogel, nämlich einen Papagei. Im Unterricht versucht sie, das verflixt schwere Stück vorzuspielen. Die Lehrerin lauscht vergnügt. „Beginne lieber von vorn!", ermutigt sie. „Vielleicht gelingt es dir dann besser!"

b **v/V gesprochen wie f:** Viertel | vor | vier | Vater | vielleicht | viel | Viecher | Vogel | versucht | verflixt | vorzuspielen | vergnügt | von | vorn | vielleicht
v/V gesprochen wie w: Veronika | Violinenspiel | Visionen | Violinistin

2 **ver-:** verbringen | verblühen | verbleiben | verlassen | verbrauchen | verändern | verlaufen | verlegen | verbergen | vergeben
vor-: vorliegen | vorbringen | vorlegen | vorgeben | vormachen | vorspielen | vorsingen | vorbereiten | vorhaben | vorsagen

Seite 82

3 Mit einem Boxer kann man boxen. | Mit einem Mixer kann man mixen. | Aber mit dem Taxi kann man nicht taxen, sondern fahren. | Faxe kann man faxen, Texte kann man texten, | aber Faxen kann man nicht faxen, sondern machen.

4 Fuchs | Lachs | sechs | Wachs | wachsen/Wuchs | Ochse

5 Faxen | wechseln | Sachse | Axt | Flachs | Lexikon | Explosion | Xylophon

6 du fliegst → fliegen | unterwegs → Wege | du weckst → wecken | Klecks → klecksen | tagsüber → Tage | du denkst → denken | anfangs → anfangen | längs → Länge | zwecks → Zweck | du lenkst → lenken

Teste dein Wissen!

Seite 83

1 b **A** Tieren: Das ist die „normale" Schreibweise. Mehr als drei Viertel aller Wörter mit lang gesprochenem i werden mit **ie** geschrieben.
B Löwe: In den meisten Wörtern wird der betonte lange Vokal nur mit einem Buchstaben geschrieben. Danach folgt meist nur ein Konsonant (hier **w**).
C Tsadsee: Wörter mit Doppelvokal sind Merkwörter.
D Künstlermähne: Bei einer kleinen Gruppe von Wörtern folgt nach dem betonten langen Vokal ein **h**. Das h steht häufig vor den Konsonanten **l, m, n** oder **r**.

4 Punkte

2

Oskar, der Elefant, drehte sich unter dem eigenen erhobenen Rüssel, woraus er, wie unter einer lauten Badezimmerdusche, den staubigen Rücken besprengte, räkelte sich faul und brummte etwas im tiefsten Bass vor sich hin, was die beiden anderen nicht verstanden. Die Giraffe Leopold stand mit gespreizten Beinen am Wasser und trank in kleinen hastigen Schlucken. Dann meinte sie, ach nein, er: „Schreckliche Leute! Und sie könnten's so hübsch haben! Sie tauchen wie die Fische, sie laufen wie wir, sie segeln wie die Enten, sie klettern wie die Gämsen und sie fliegen wie die Adler, und was bringen sie mit ihrer Tüchtigkeit zustande?" *29 Punkte*

3 „Kriege!", knurrte der Löwe Alois. „Kriege bringen sie zustande. Und Revolutionen. Und Streiks. Und Hungersnöte. Und neue Krankheiten. Wenn ich nicht so blond wäre, könnte ich mich auf der Stelle ...." „Schwarz ärgern", vollendete die Giraffe den Satz. Denn den kannten die Tiere der Wüste längst auswendig. *5 Punkte*

4 „Mir tun bloß die Kinder leid, die sie haben", meinte der Elefant Oskar und ließ die Ohren hängen. „So nette Kinder! Und immer müssen sie die Kriege und Revolutionen und Streiks mitmachen, und dann sagen die Großen noch: Sie hätten alles nur getan, damit es den Kindern später einmal besser ginge. So eine Frechheit, was?" *9 Punkte*

Insgesamt zu erreichende Punktzahl: 47 Punkte

Groß- und Kleinschreibung

Seite 84

1 die Sicherheit, die Sicherung; die Gesundheit, die Gesundung; die Finsternis; die Gleichung, die Gleichheit; das Brauchtum; die Bitterkeit, die Bitternis; die Frechheit; die Höflichkeit; die Beschäftigung; die Versteinerung; das Geheimnis; die Erzählung; die Bescheidenheit; die Freundschaft; die Lehrerin; die Beleidigung; das Ärgernis; die Wissenschaft; das Ergebnis; die Dunkelheit

2 **waagerecht:** Überlegenheit, Gesellschaft, Verwandtschaft, Verpflichtung, Gemeinheit, Bemerkung, Eigentum, Ratlosigkeit, Köchin, Geschicklichkeit
senkrecht: Heiligtum, Begegnung, Eitelkeit, Bildnis, Erlaubnis

Seite 85

1 eine tolle, große, bunte, moderne Tasche
eine nagelneue, todschicke, hautenge Hose
dieser wunderschöne, edle Ring
meine neue, nette, französische Brieffreundin
dieses uralte, total verrostete Fahrrad
ihr hübsches, neues, gelbes Kleid

2 a, b **Fußball-WM in Südafrika: Krake Paul orakelt die Niederlage der DFB-Elf gegen Spanien**

Das Tintenfisch-Orakel Paul aus dem Sealife-Aquarium im Ruhrgebiet hat eine Niederlage der Deutschen Nationalmannschaft im Halbfinale gegen Spanien vorausgesagt. Dem Tintenfisch wurden zwei Gläser mit Muschelfleisch jeweils mit der deutschen und der spanischen Flagge im Wasser aufgestellt. Nur wenige Minuten später setzte sich Paul auf den spanischen Behälter, öffnete den Deckel und verspeiste genüsslich das Muschelfleisch. Die Anwesenden erstarrten vor Schreck, denn damit entschied sich der Oktopus gegen die deutsche Fußballmannschaft. Das ist eine bittere Nachricht für die deutschen Jungs, denn das Tintenfisch-Orakel gilt als sehr treffsicher. Alle deutschen Begegnungen der WM in Südafrika hatte Paul richtig vorhergeschmeckt.

Seite 86

1 Sehr geehrte Damen und Herren bei Sea Life,

mit Freunden diskutierte ich über die Prophezeiungen des Tintenfisches Paul. Ich persönlich halte das für einen Scherz. Meine Freunde meinten, dass Sie als Mitarbeiter eines Sea-Life-Aquariums es doch genau wissen müssten. Meine Freunde sagen, dass Tintenfische sehr intelligent seien, da sie neun Gehirne hätten. Ich kann das aber nicht glauben, Sie doch sicher auch nicht, oder? Weiterhin behaupten sie, also meine Freunde, dass sie, also die Tintenfische, drei Herzen hätten. Nun bitte ich Sie, mir mit Ihrem Wissen diese Behauptungen zu bestätigen. Falls Paul wirklich weissagen kann, empfehle ich Ihnen, ihm ein Weibchen an die Seite zu geben. Dann gäbe es vielleicht bald kleine Tintenfische und sie könnten mit ihren von den Eltern geerbten Fähigkeiten zum Beispiel die Aktienkurse vorhersagen oder das Wetter oder meine Zeugnisnoten. Das wäre doch ein gutes Geschäft für Sie, oder?

Mit freundlichen Grüßen
Max Schlaumeier

2 Lieber Max,

gern beantworte ich deine Fragen: Kraken haben nur ein Herz und ihre acht Arme steuern sie mit einem einzigen Gehirn. Und du hast Recht, Paul kann in Wahrheit nicht hellsehen.
Aber stell dir vor: Kraken sind sehr intelligent, sie können den Weg durch ein Labyrinth finden und sogar Gläser öffnen!

Viele Grüße
Martin Wasserfreund
(Tierpfleger in der Abteilung „Kopffüßler")

Zeichensetzung

Seite 87

1 a, b, c

Das Leben der Eisbären

Eisbären leben entweder in der Nähe von Küsten oder in der Reichweite von Inseln in den Eisregionen der Arktis. Eisbären sind sowohl an Land als auch im Meer zu Hause. Die ausgewachsenen Tiere haben breite Schultern, große Pfoten und kräftige Vorderbeine. Auffällig ist auch ihr sowohl langer als auch schmaler Kopf. Ihr Fell sieht weiß, cremefarben oder gelblich aus. Es ist außerdem ölig, kaum glänzend und wasserabweisend. Eisbären sehen jedoch nur aus der Ferne und nur in der Vorstellung vieler Menschen niedlich, kuschelig sowie freundlich aus. In Wirklichkeit können sie sehr gefährlich werden – für ihre Artgenossen, für andere Tiere und für Menschen. Während der Paarungszeit kämpfen die Eisbärmännchen um die Weibchen. Hierbei legen sie zunächst die Ohren an und senken ihren Kopf, um im nächsten Moment zu knurren, zu fauchen und den Gegner aktiv anzugreifen. Der Kampf endet durch Aufgeben oder Flucht.

2 a, b

Die Weibchen bekommen alle drei Jahre Junge. Die Neugeborenen sind zunächst weder ansehnlich noch flauschig. Vielmehr ähneln sie nackten Ratten und sind beinahe federleicht. Erst nach etwa vier Wochen sieht man an Augen, Fell und Zähnen einen deutlichen Entwicklungsfortschritt. Nach ungefähr acht Wochen raufen sie, tollen herum und bewerfen sich mit Schnee. Manchmal klettern sie auf ihre Mutter, zupfen an ihrem Fell oder rutschen an ihr herunter. Insgesamt gesehen ist das Eisbärleben für die Kleinen besonders gefährlich, denn sie können jederzeit von den Eisbärmännchen angegriffen oder aufgefressen werden.

Seite 88

2 a, c

Eisbären vom Aussterben bedroht

„Ich finde Eisbären ja sooo süß", schwärmt Tanja. „Oh ja, Eisbärbaby Knut hätte ich am liebsten als Haustier genommen", ergänzt Simone. Sie fragt nach: „Warst du damals im Berliner Zoo und hast dort Knut gesehen?" „Nein, leider nicht", bedauert Tanja, „aber ich habe anderen Eisbärkindern beim Spielen zugesehen. Das hat echt Laune gemacht." Markus spitzt die Ohren und gibt zu bedenken: „Habt ihr schon davon gehört, dass eure Lieblingstiere vom Aussterben bedroht sind?" „Erzähle mal Genaueres!", fordert Tanja ihren Mitschüler interessiert auf. Markus führt aus: „Ich habe neulich gelesen, dass die Klimaerwärmung in der Arktis das Leben der Eisbären bedroht. Nach und nach verschwinden die Eismassen, die Jagdreviere der Tiere werden kleiner und die Kinderstuben der Eisbären verschwinden."

3 a, b

„Was kann man denn an der schwierigen Situation der Eisbären ändern?", fragt Tanja besorgt. „Vielleicht sollte man die Eisbärenjagd verbieten", sagt Markus. Miriam ergänzt: „Jeder Einzelne kann etwas zur Rettung der Eisbären beitragen, denn der Klimawandel ist eine Angelegenheit, die sich auf die ganze Erde bezieht." „Ich hoffe", erwiedert Olaf, „dass alle mithelfen werden, die Klimakatastrophe zu verhindern."

Teste dein Wissen!

Seite 89

1 **A** Satzanfänge, Namen und Nomen werden großgeschrieben.
B Eine Reihe von Nomen erkennt man an den typischen Endungen: -in, -nis, -tum, -schaft, -ung, -keit, -heit. *2 Punkte*

2 a, b

In den letzten Jahren ist der Urlaub auf dem Bauernhof für Familien mit Kindern zum besonderen Erlebnis geworden. Sie mögen besonders die Freiheit und die Natur auf dem Land, aber auch spannende Unternehmungen wie Übernachtungen im Heu oder im Stroh sind sehr beliebt. *16 Punkte*

3

Endlich sollte die lang ersehnte Reise für die nächsten großen Ferien geplant werden. Schon zweimal hatten Sandra und Tim ihre Eltern ermahnt: „Wann setzen wir uns endlich zusammen und reden über die Reiseplanung?" „Bisher sind wir ja immer gern nach Italien, Österreich oder die Schweiz gefahren", begann die Mutter das Gespräch. „Ach, nicht schon wieder", maulte Sandra, „wir könnten doch mal einen Abenteuerurlaub machen." „Ohne mich!", rief der Vater entsetzt. „Ich bevorzuge einen ruhigen Urlaub am Meer." *5 Punkte*

Insgesamt zu erreichende Punktzahl: 23 Punkte

Teste deinen Lernstand!

Seite 91

1 richtige Antwort: **D** einen Sachtext über unterschiedliche Berufe für Hunde *1 Punkt*

2 **A** Absatz 3: Hundeberufe im Wandel | **B** Absatz 1: Retter auf vier Pfotenl | **C** Absatz 4: Mit der Leine auf den Laufsteg | **D** Absatz 2: Freunde und Helfer *4 Punkte*

3 **B** Sieben Hundeberufe werden vorgestellt (Rettungshund, Hütehund, Polizeihund, Wachhund, Blindenhund, Schauspieler-Hund, Hunde-Model). *1 Punkt*

Seite 92

4 A: 4, B: 1, C: 5, D: 2, E: 3 *5 Punkte*

5 Richtig ist Antwort C. *1 Punkt*

6 Richtig ist Antwort D. *1 Punkt*

7 Da Hunde heutzutage kaum noch für harte Arbeit genutzt werden, sondern moderne Maschinen diese Aufgaben übernehmen, gibt es kaum noch Schlittenhunde. *1 Punkt*

8 Designer *1 Punkt*

9 Richtig ist Antwort C. *1 Punkt*

Seite 93

10 Überarbeite deine Stellungnahme zunächst, damit du sie leichter bewerten kannst. Gehe dabei die unten genannten Punkte nacheinander durch. Vielleicht kann dir auch eine Mitschülerin oder ein Mitschüler bei der Beurteilung helfen. Notiere dir zu jedem Bereich, den du als gelungen bewertest, die angegebene Punktzahl. *(max.) 20 Punkte*

Hast du
- einleitend das Thema genannt (Hundeberuf Model) und deine Meinung dazu formuliert („Ich bin der Meinung, dass…", „Ich bin für/gegen…", „Ich finde…")? *2 Punkte*
- mehrere Gründe aus der Liste für deine Meinung angegeben? *2 Punkte je Begründung (max. 6 Punkte)*
- eine eigene Begründung für deine Meinung gefunden? *4 Punkte*
- Satzgefüge (Nebensätze) mit Wörtern wie *weil, da, denn, deshalb* geschrieben? *Punkte je Wort (maximal 8 Punkte)*

Hier findest du ein Beispiel für eine Stellungnahme zur Position B:

Ich bin der Meinung, dass man Hunde nicht als Models für Modenschauen arbeiten lassen sollte (Thema und Meinung). Ein Hund darf nicht wie ein Mensch behandelt werden, denn das widerspricht der Natur des Hundes (Begründung aus der Liste, Satzgefüge mit „denn"). Es ist nicht gut, wenn Hunde Kleider tragen müssen, weil man sie beim Anziehen quält (Begründung aus der Liste, Satzgefüge mit „weil"). Hundebesitzer sollten kein Geld für teure Hundemode verschwenden, da man es für sinnvollere Dinge wie z. B. den Tierschutz ausgeben kann (Begründung aus der Liste, Satzgefüge mit „da"). Menschen wollen mit teuren Hundekleidern nur angeben, deshalb sollten Tiere nicht als Models auftreten und Kleider wie Menschen tragen (eigene Begründung, Satzgefüge mit „deshalb").

Seite 94

11

Rettungshund Leila

Der Hundeführer Andreas hat mir erzählt, wie er Leila zum Lawinenhund ausgebildet hat. Zunächst muss man den richtigen Hund aussuchen. Künftige Rettungshunde müssen mindestens 20 Monate alt sein. Sie müssen gerne mit Menschen zusammen sein. Ihren Hundeführern müssen sie aufs Wort gehorchen, damit sie im Ernstfall schnell reagieren können. Andreas hat Leila dann mithilfe von Testpersonen darauf trainiert, Menschen im Gelände unter Schneedecken zu erschnüffeln. Zur Belohnung bekam Leila immer einen Keks. Außerdem musste Leila lernen, dass sie sich nicht von anderen Tieren und Geräuschen bei ihrer Aufgabe stören lassen darf.

12 Punkte

12

Polizeihund Benno

Die Polizei setzte eine Hundestaffel bei der Suche nach zwei Räubern ein. Spürhund Benno verfolgte die Flüchtigen. An einem Bach verlor der Hund kurzzeitig die Spur. Dann jedoch zog er seinen Hundeführer zu einer kleinen Hütte. In einigem Abstand blieb Benno stehen und schnüffelte in der Luft. Dann sprang er mit einem gewaltigen Satz hinter einen Holzstoß und bellte laut. Hier hatten sich die Gesuchten versteckt.

7 Punkte

Seite 95

13 Der Hundeführer rief Verstärkung (Akkusativ) herbei. Benno hielt die Räuber (Akkusativ) durch sein lautes Bellen in Schach. Bald konnte man das Blitzen vieler Blaulichter (Genitiv) sehen. Die eingetroffenen Polizisten (Nominativ) legten den Verbrechern Handschellen (Akkusativ) an. Die Beute entdeckten sie (Nominativ) schnell hinter dem Holzstoß (Dativ). Auch dieser Fund war der guten Nase des Hundes (Genitiv) zu verdanken. Zur Belohnung gab es leckeren Hundekuchen. *8 Punkte*

14

Satzglieder	Nummer	Satzglieder	Nummer
Subjekt	2, 12	adverbiale Bestimmung des Ortes	5, 13
Prädikat	3, 6, 10, 15	adverbiale Bestimmung der Zeit	14
Dativ-Objekt	7, 16	adverbiale Bestimmung der Art und Weise	9
Akkusativ-Objekt	4, 8, 11	adverbiale Bestimmung des Grundes	1

16 Punkte

Punkteverteilung

Nr.	Aufgabenstellung	Punkte
A 1	Art des Textes	1 Punkt für das richtig gesetzte Kreuz
A 2	Gliederung des Textes und Überschriften	4 Punkte (je 1 Punkt für die richtig gesetzte Nummer)
A 3	Thema des Textes	1 Punkt für das richtig gesetzte Kreuz
A 4	Hundeberufe zuordnen	5 Punkte (je 1 Punkt für die richtig gesetzte Ziffer)
A 5	Hunde in Fernsehserien	1 Punkt für das richtig gesetzte Kreuz
A 6	Hundemode und Geld	1 Punkt für das richtig gesetzte Kreuz
A 7	Schlittenhunde	1 Punkt für die richtige Antwort im ganzen Satz
A 8	Designer	1 Punkt für die richtige Antwort
A 9	Wortbedeutung	1 Punkt für das richtig gesetzte Kreuz
A 10	Stellungnahme	20 (Verteilung: s. Hinweise S. 93 im Heft bzw. S. 27 hier)
A 11	Rechtschreibung	12 (1 Punkt je entdecktem Fehler)
A 12	Lückentext: Verben und Tempus	7 (je ½ Punkt für das passende Verb in der richtigen Tempusform)
A 13	Lückentext: Nomen und Kasus	8 (je 1 Punkt für die richtig gefüllte Lücke und für den richtigen Kasus)
A 14	Satzglieder	16 (je 1 Punkt für die richtige Nummer)
Summe		**79**

Bewertungsschlüssel

79–52 Punkte	51–27 Punkte	26–0 Punkte
Du liegst im guten bis sehr guten Bereich. Vielleicht siehst du dir trotzdem noch einmal die Stellen an, an denen du dich noch verbessern kannst.	Einiges gelingt dir gut, manches musst du aber noch einmal üben. Versuche, anhand des Testes Fehlerschwerpunkte zu entdecken, damit du gezielt wiederholen kannst.	Du musst vieles wiederholen und noch einmal gründlich üben. Vielleicht überlegst du auch gemeinsam mit deinem Lehrer oder deiner Lehrerin, wo besondere Fehlerschwerpunkte liegen und wie du vorgehen kannst, um dich zu verbessern.

Deutschbuch

Arbeitsheft 5

Berlin, Brandenburg, Mecklenburg-Vorpommern,
Sachsen, Sachsen-Anhalt, Thüringen

Herausgegeben von
Andrea Wagener

Erarbeitet von
Petra Bowien, Birgit Patzelt
und Gerhild Schenk

Cornelsen

Inhaltsverzeichnis

Die Übersicht auf diesen Seiten hilft dir, die Arbeit mit dem Arbeitsheft zu planen und zu überprüfen. Nach dem Bearbeiten einer Übung musst du deine Ergebnisse sorgfältig mit dem Lösungsheft abgleichen. Trage ein, wann du die Seiten bearbeitet hast, und kreuze an, wie dir die Übungen gelungen sind:

☺ Gut gelungen! ☺ Das Meiste richtig. ☹ Manchmal unsicher.

Kennzeichnungen in diesem Arbeitsheft:

1 Aufgabe

●●● knifflige Aufgabe oder Aufgabe für die Schnellen

Merkwissen Zusammenfassung des Grundwissens

Tipp Tipps und Arbeitshilfen

→ Der Pfeil sagt dir, auf welcher Seite du etwas nachschlagen kannst.

Mit dem beiliegenden Lösungsheft kannst du deine Ergebnisse selbst überprüfen.

Erzählen

Ein Erlebnis spannend erzählen

Merkwissen Die Einleitung spannend gestalten

Gute Erzähler fesseln ihre Leser gleich mit der Einleitung. Sie verraten nicht schon am Anfang, wie die Geschichte ausgeht, sondern machen die Leser neugierig. Dazu gibt es einige Erzähltricks:

Erzähltricks für die Einleitung	Beispiele
Erzähle von einer harmlosen Situation, die auf einmal ungewöhnlich oder gar gefährlich erscheint.	*Wir saßen wie gewöhnlich am Frühstückstisch. Plötzlich hörten wir ein donnerndes Geräusch. Es klang wie …*
Kündige ein unerwartetes Ereignis an, das alles verändert.	*Wer hätte gedacht, dass diese Reise drei Tage dauern würde?*
Lege eine falsche Fährte: Bereite den Leser auf ein Geschehen vor, das dann aber gar nicht so stattfindet.	*Wir hatten alles für ein gemütliches Wochenende eingepackt. Mit unseren Fahrrädern wollten wir … Doch dann kam alles ganz anders.*

1 Lies das Merkwissen und die folgende Erzählung. Untersuche dann, inwiefern sie ein gelungenes Beispiel darstellt.

a Betrachte zunächst die Einleitung und untersuche, auf welche Weise sie die Leser fesselt. Markiere den Satz, der dafür verantwortlich ist.

Mustertext

Ein Bett für drei

Einleitung

Schon lange hatten Elena, Johanna und ich uns auf unsere Klassenübernachtung im Zeltlager gefreut. Zu dritt in einem Mädchenzelt, das war eine tolle Aussicht! Am Samstag war es endlich so weit. Wenn wir gewusst hätten, wie die Nacht enden würde, hätten wir uns sicher nicht die Mühe gemacht, unsere drei Betten herzurichten.

Hauptteil

Nach dem Abendessen saßen wir gemütlich am Lagerfeuer. Elena bat Frau Lehmann, uns ein paar Schauergeschichten zu erzählen. Das tat sie auch, warnte uns aber vorher: „Ich will hinterher keine Klagen hören, dass ihr vor lauter Angst nicht schlafen konntet.“ Da lachte Johanna noch und behauptete: „Wir sind doch keine Babys mehr!“ Ich war da nicht so sicher, wollte aber kein Spielverderber sein. Die Geschichten waren nicht nur spannend, sondern auch ziemlich gruselig und unheimlich. Trotzdem lachten die anderen mich aus, als ich vorsichtshalber vor dem Zu-Bett-Gehen unter meine Liege schaute. Wir legten uns hin und sprachen kein Wort mehr. Ich dachte, ich wäre die Einzige, die nicht schlafen konnte. Doch plötzlich zog jemand an meiner Decke. Ich hätte beinahe aufgeschrien vor lauter Schreck, wurde aber durch eine Hand auf meinem Mund zum Schweigen gebracht. Dann hörte ich Johannas leise Stimme an meinem Ohr: „Darf ich mit in dein Bett? Mir ist so unheimlich zumute.“ Wir kuschelten uns aneinander und lauschten gebannt auf die Geräusche der Nacht. War das wirklich nur der Wind? Was tappte da über den Boden? Irgendjemand oder irgendetwas lauerte neben Johannas Bett, da waren wir uns sicher. Ich griff mutig zur Taschenlampe und knipste sie an. Da stand Elena mit schreckgeweiteten Augen. Sie hatte mit unter Johannas Decke kriechen wollen, aber nur die leere Matratze ertastet.

Schluss

Als Frau Lehmann uns am Morgen wecken wollte, lagen wir zu dritt in meinem Bett und schliefen tief und fest.

Merkwissen Den Hauptteil spannend und anschaulich erzählen

Der Hauptteil deiner Erzählung ist spannend, wenn du
- **Gedanken und Gefühle mitteilst**, z. B.: *Mir stockte der Atem. „Euch werde ich es zeigen!“, dachte ich mir.*
- **wörtliche Rede benutzt**, z. B.: *„Vorsicht!“, schrie ich.*
- **Spannungsmelder (Überraschung) einbaust**, z. B.: *Plötzlich …, Kaum zu glauben!*
- **treffende Verben einbaust**, z. B.: *wimmern, rufen, schreien*
- **anschauliche Adjektive findest**, z. B.: *kreidebleich, panisch, riesengroß*

b Lies nun den Hauptteil der Mustererzählung.

c Untersuche, welche sprachlichen Mittel in „Ein Bett für drei“ verwendet wurden, um die Geschichte spannend zu machen. Schreibe je zwei bis drei Beispiele heraus.

treffende Verben: ______

anschauliche Adjektive: ______

Gedanken und Gefühle: ______

wörtliche Rede: ______

Spannungsmelder: ______

2 Untersuche den Gebrauch des Tempus in der Mustererzählung.

a Markiere im Text alle Verben, die im Präteritum stehen.

b Markiere danach mit einer anderen Farbe alle Verben, die im Präsens stehen. Begründe, warum in diesen Fällen kein Präteritum verwendet wurde.

______

●●● c Untersuche den ersten Satz der Mustererzählung und begründe die Verwendung des Plusquamperfekts.

______

3 Eine gute Überschrift macht die Leser neugierig.

a Begründe, inwiefern die Überschrift „Ein Bett für drei“ diesen Anspruch erfüllt.

______

b Denke dir weitere mögliche Überschriften für die Mustererzählung aus, die neugierig machen.

______

Nach Bildern erzählen

Merkwissen Der Aufbau einer Erzählung

Eine gelungene Erzählung braucht einen **roten Faden**, der die Leser durch die Geschichte leitet.
In der **Einleitung** führst du in die Handlung ein. Hier informierst du die Leser in der Regel über Ort *(Wo?)* und Zeit *(Wann?)* des Geschehens und stellst mindestens eine Hauptfigur *(Wer?)* vor.
Im **Hauptteil** steigerst du die Spannung schrittweise bis zum Höhepunkt der Geschichte. Die Leser sollen mitfiebern, was weiter geschehen wird.
Am **Schluss** löst du die Spannung auf: Du kannst erzählen, wie die Handlung ausgeht, oder den Ausgang absichtlich offen lassen.

Die Lesefieber-Kurve einer Erzählung

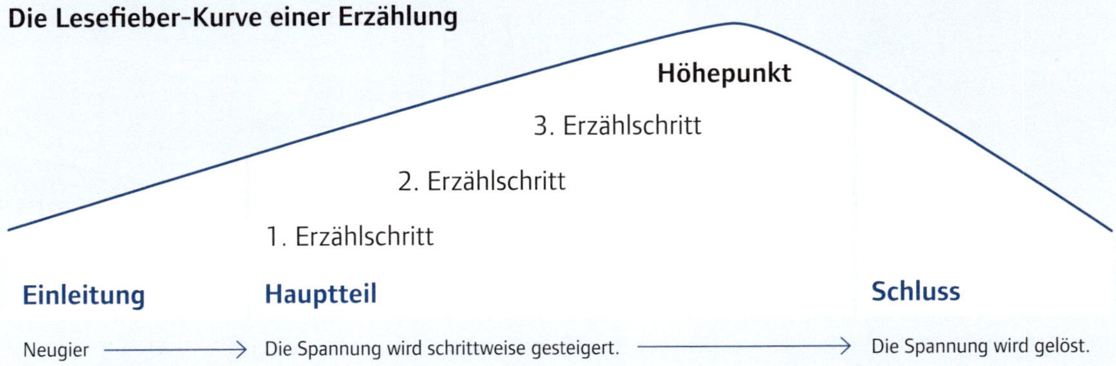

Tipp Die **Ich-Form** eignet sich besonders gut zum Erzählen von Erlebnissen. Gib den Figuren **Namen**, dann wird die Erzählung lebendiger.

1 Sieh dir die Bilder genau an und mache dir klar, was passiert ist. Lege fest, welche Erzähler-Figur von den Erlebnissen erzählen soll.

Mein(e) Ich-Erzähler(in) soll ______ *sein, weil*

______.

2 Beantworte die W-Fragen, die für die Einleitung wichtig sind.

Wer war beteiligt? (Figuren) ______

Wo hat das Geschehen stattgefunden? (Ort) ______

Wann ist es passiert? (Zeit) ______

3 a Untersuche die beiden Vorschläge für Einleitungen.
Wurden die W-Fragen beantwortet? Wird die Neugier der Leser geweckt?
Schreibe die Antworten in dein Heft.

Zum Schuljahresausklang hatte unser Klassenlehrer Herr Ziegel eine hervorragende Idee: Zelten mit der ganzen Klasse 5 c von Freitag bis Sonntag. Der Wetterbericht war sommerlich, noch war pure Sonne angesagt. Noch …

Alle zusammen am See zelten – konnte es Besseres an einem Sommerwochenende geben? Tagsüber Action und abends am Lagerfeuer sitzen, Würstchen grillen, Geschichten erzählen. Das Feuer gut ablöschen, dann todmüde in die Schlafsäcke einrollen. Und morgens ein erfrischendes Bad im See. Keiner ahnte, dass das Wochenende doch so ganz anders werden sollte.

b Verfasse eine eigene Einleitung. Schreibe in dein Heft.

4 Betrachte die Bilder zum Hauptteil genau und mache dir zu jedem Bild Notizen. Ergänze, was vor den Bildern, was dazwischen und was danach geschieht.

Tipp Schreibe nicht einfach drauflos.
Plane den Aufbau deiner Erzählung und lege einen Schreibplan an:
Hauptteil: Was passiert?
1. Erzählschritt …
2. (ein oder mehrere weitere Erzählschritte)
Höhepunkt
…

5 Bereite nun deine Erzählung sprachlich vor.
Verbinde die Nomen/Substantive mit passenden Verben.

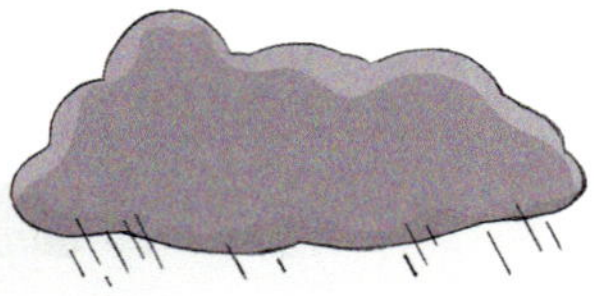

Blitze	pfeifen toben peitschen	Wind
Regen	grollen rauschen prasseln	Donner
Windböen	aufkommen zucken	Sturm
Tausende von Tropfen		Bäume

6 Erzähle nun anschaulich vom Aufziehen und der Heftigkeit des Gewitters. Gestalte die folgenden Notizen mithilfe der „Spannungsmelder“ zum Höhepunkt der Geschichte aus. Nutze auch anschauliche Vergleiche, z. B.: *Es goss wie aus Eimern.* Schreibe ins Heft.

> **Tipp** Spannungsmelder
> aus heiterem Himmel, aus dem Nichts, binnen Sekunden, unmittelbar, plötzlich, Sekunden später, kaum zu glauben!

Blitze und Donner — *unmittelbar aufeinander*

ängstliche Blicke aus Zelten — *erste Tropfen*

sintflutartiger Regen — *Wasser überall*

Wasser im Zelt — *mit Bechern hinausgeschöpft*

Zelte unter Wasser — *zusammengebrochen*

nichts mehr zu retten — *Flucht ins Kanuclubhaus*

7 a Ordne die Aussagen, Ausrufe oder Fragen auf der linken Seite den jeweils passenden Redebegleitsätzen auf der rechten Seite zu.
b Ergänze die fehlenden Anführungszeichen an der richtigen Stelle.

> **Tipp** **Wörtliche Rede** hilft, den Höhepunkt dramatisch zu schildern. Lass die Figuren sprechen. Redebegleitsätze können vor, nach oder innerhalb der wörtlichen Rede stehen. Hinweise zur Zeichensetzung findest du auf S. 88.

Aussagen/Ausrufe/Fragen	**Redebegleitsätze**
Bleibt weg von allen Metallstäben! Da kann der Blitz einschlagen!,	jammerte …
Lasst alles stehen und liegen! Lauft!	wollte … wissen.
Aber meine Gitarre ist noch im Zelt! ,	warnte …
Und was ist mit meinem Gameboy? ,	forderte … uns auf.
Beeilt euch!,	stöhnte …
Ich kann nicht so schnell,	schrie …

c Formuliere selbst passende Redebegleitsätze. Denke an die Zeichensetzung und ergänze.

Ins Clubhaus! Rasch! Ich hab' den Schlüssel!

Sind alle da? Fehlt jemand?

Lasst uns durchzählen,

Max fehlt!

Ich bin doch da.

●●●8 Die Gestaltung des Höhepunktes ist im folgenden Textausschnitt nicht ganz gelungen.
Überarbeite den Text. Schreibe eine verbesserte Fassung ins Heft.

VORSICHT, FEHLER!

Ich träumte gerade vom Essen, als ich aufwachte. Ich hörte Stimmen. Und ich hörte Donnerschläge. Ich sah aus meinem Zelt hinaus und sah Blitze. Da wusste ich, dass es ein Gewitter war. Es regnete auch stark. Ich hörte wieder Stimmen. Da hörte ich die Stimme von Herrn Ziegel. Er meinte, wir sollten alle ins Clubhaus gehen. Das war eine gute Idee, denn langsam lief das Wasser in unser Zelt. Ich ging mit Max aus dem Zelt.
Max wollte noch seine Gitarre holen, durfte das aber nicht. Ich ging hinter Isa zum Clubhaus. Nun saßen wir im Clubhaus. Da war es wenigstens trocken.

Merkwissen Den Schluss schreiben

Der Schluss einer Erzählung kann unterschiedlich gestaltet sein. Du kannst
1. den Ausgang der Geschichte erzählen und das **Erlebnis abschließen**,
2. am Schluss der Geschichte **Fragen offenlassen**, um den Ausgang des Erlebnisses im Ungewissen zu lassen,
3. **auf die Einleitung zurückgreifen**, sodass Einleitung und Schluss einen Rahmen um den Hauptteil bilden,
4. einen **abschließenden Gedanken** äußern.

9 a Im Merkwissen oben werden vier Möglichkeiten für einen Schluss genannt.
Lies die folgenden Schlusssätze und ordne sie je einer dieser Möglichkeiten zu.
Trage die entsprechende Nummer ins Kästchen ein.

☐ Am nächsten Morgen strahlte die Sonne wieder und wir waren froh, die Nacht heil überstanden zu haben.
☐ Was würden wir am nächsten Tag noch von unseren Zelten vorfinden?
☐ Jetzt freuen wir uns schon auf unsere nächste Klassenübernachtung, die sicher auch sehr spannend wird.
☐ Jetzt wissen wir alle, wie wichtig es ist, sich vor einer Zeltübernachtung den Wetterbericht anzuhören.

b Wie du auf dem letzten Bild siehst, geht die Bildergeschichte gut aus.
Formuliere in deinem Heft einen entsprechenden Schluss zu der Geschichte.

10 a Lies die folgenden Überschriften und markiere diejenige, die du passend findest.

A Gewitter über den Zelten **B** Zelte ade!

C So ein Reinfall! **D** Noch einmal Glück gehabt

E Verflixte Wetterberichte **F** Land unter!

Tipp Jede Erzählung braucht eine **Überschrift**. Sie soll die Leser neugierig machen, aber noch nicht alles verraten.

b Begründe deine Entscheidung.

Ich habe die Überschrift ______ *gewählt, weil* ______

______

______

c Schreibe deine eigene Überschrift ins Heft über deine Geschichte.

11 Prüfe deine Geschichte mithilfe der folgenden Checkliste.

Checkliste Ein Erlebnis spannend erzählen

- Werden in der Einleitung die W-Fragen (Wer? Wann? Wo?) beantwortet?
  Markiere die Antworten in deinem Text.
- Wird der Leser neugierig gemacht?
  Markiere die Stelle, an der angedeutet wird, dass sich die Situation noch ändern wird.
  Hat deine Erzählung einen roten Faden und ist sie ohne Nachfragen verständlich?
  Versetze dich in die Rolle eines Lesers, der die Bilder nicht kennt, und überprüfe, ob die Erzählung auch ohne diese zu verstehen ist.
- Hat deine Erzählung einen Höhepunkt?
  Markiere die Stelle, an der der Gipfel der Spannung erreicht ist.
- Ist deine Erzählung im Präteritum (bei wörtlicher Rede im Präsens) geschrieben?
  Gehe alle Verbformen noch einmal durch und überprüfe das Tempus (die Zeitform).
- Ist deine Erzählung sprachlich gut gestaltet?
  - Prüfe, ob deutlich wird, was die Figuren denken und fühlen.
  - Prüfe, ob du wörtliche Rede verwendet hast.
  - Prüfe, ob du treffende und anschauliche Verben und Adjektive verwendet hast.
- Ist die Überschrift treffend und verrät nicht zu viel?
- Überprüfe, ob du die Regeln der Rechtschreibung und Zeichensetzung beachtet hast.

12 Betrachte die Bilder und schreibe die vollständige Geschichte in dein Heft.

Berichten

Einen sachlichen Bericht schreiben

Merkwissen Der Bericht

Ein Bericht beantwortet die **W-Fragen** (*Wer? Wann? Was? Wo? Wie? Warum?*).
Er steht im **Präteritum**. Vorzeitigkeit wird durch das Plusquamperfekt ausgedrückt.
In der **Einleitung** steht, worum es geht (*Wer? Wann? Was?*).
Im **Hauptteil** werden die restlichen W-Fragen beantwortet.
Je nach Zweck des Berichts werden im **Schlussteil** die Folgen genannt oder es wird eine Empfehlung gegeben.
Ein Bericht ist **sachlich** und ohne eigene Meinung. Er enthält keine überflüssigen Informationen.
Die Ereignisse werden in der richtigen **Reihenfolge** geschildert.

1 Lies das Merkwissen und den folgenden Bericht.
Untersuche dann, inwiefern er ein gelungenes Beispiel darstellt.

Mustertext

Schüler laufen für neuen Schulhof

Am Georg-Friedrich-Händel-Gymnasium fand gestern ein Spendenlauf zugunsten der Neugestaltung des Schulhofes statt. — Einleitung

Alle 587 Schülerinnen und Schüler nahmen an der Veranstaltung teil und bemühten sich, so viele Runden wie möglich um den Sportplatz zurückzulegen. Dafür hatten sie vorher Sponsoren geworben, die sich bereiterklärt hatten, für jede gelaufenen Runde zwischen 10 und 50 Cent zu zahlen. Das dadurch erlaufene Geld soll für die Neugestaltung des Schulhofes verwendet werden. Sportlehrer Frank Lindemann erklärte stolz, dass auf diese Weise mehrere Tausend Euro zusammengekommen seien. Der genaue Betrag müsse jedoch noch berechnet werden, da die Sponsoren unterschiedlich hohe Prämien zugesagt hätten. — Hauptteil

In den nächsten Wochen wird dann mit der Umgestaltung des Schulhofes begonnen. — Schluss

2 Notiere die im Text gegebenen Antworten auf die W-Fragen.

Wer? ______________________________

Wann? ______________________________

Was? ______________________________

Wo? ______________________________

Wie? ______________________________

____

Warum? ______________________________

3 Untersuche den Gebrauch des Tempus in diesem Bericht.

a Markiere die Verben im Präteritum grün und die im Plusquamperfekt blau.

b Finde heraus, um was für Verbformen es sich in den Z. 7–9 handelt, und kreuze die richtige Antwort an.

☐ Die Verben drücken eine Aufforderung aus. ☐ Die Verben stehen im Perfekt.

☐ Es handelt sich um die Wiedergabe von Gesagtem. ☐ Die Verben stehen im Futur.

Von einem Schulereignis berichten

Bienenschwarm im Baum auf dem Schulhof | Kinder sehr aufgeregt

Schulhof während der 1. großen Pause gesperrt | am Freitag

Feuerwehr benachrichtigt | keine Zeit wegen Brand im Nachbarort

Schulhof 2011 neu gestaltet

Biologielehrer Ringer ist Hobbyimker

besorgt Schutzkleidung | vor der 2. großen Pause

fängt Schwarm ein | bald Honig für die Schule?

Schulhof der Theodor-Fontane-Schule

1 a Verschaffe dir einen Überblick über das Ereignis an der Theodor-Fontane-Schule, indem du jeweils hinter die Stichpunkte schreibst, welche W-Frage beantwortet wird.
b Streiche die Informationen, die nichts mit dem Ereignis zu tun haben, durch.

2 Erstelle einen Schreibplan, indem du die Notizen von oben in die richtige Reihenfolge bringst.

Schreibe so:

Einleitung:
Am Freitag,
vor der ersten großen Pause,
Bienenschwarm auf einem Baum …
Hauptteil: …
Schluss: …

3 Schreibe nun den vollständigen Bericht in dein Heft.
a Achte darauf, dass alle Verben im Präteritum oder – bei Vorzeitigkeit – im Plusquamperfekt stehen.
b Überlege dir zum Schluss eine geeignete Überschrift.

4 Überprüfe deinen Text mithilfe der Checkliste und überarbeite ihn, wo es nötig ist.

Checkliste Einen Bericht schreiben

- Werden alle W-Fragen (Wer? Wann? Was? Wo? Wie? Warum?) beantwortet?
  Markiere die Antworten in deinem Text.
- Verfügt dein Bericht über eine Einleitung, einen Hauptteil und einen Schluss?
  Markiere den Anfang und das Ende jedes Textteils.
- Ist dein Bericht im Präteritum (und bei Vorzeitigkeit im Plusquamperfekt) geschrieben?
  Gehe alle Verbformen noch einmal durch und überprüfe das Tempus (die Zeitform).
- Passt die Überschrift zum Text?
  Überprüfe, ob das, was in der Überschrift angedeutet wird, auch tatsächlich im Text vorkommt.

●●●5 Schreibe einen Bericht über einen Wettkampf oder ein Spiel im Sportunterricht.

Beschreiben

Anschaulich und genau beschreiben

Merkwissen Ein Tier beschreiben

Wenn du auf ein **Lebewesen** nicht einfach zeigen kannst und kein Foto hast, musst du es beschreiben.

1. Schreibe einen Einleitungssatz, in dem du den **Grund** nennst, warum du das Tier beschreibst (z. B. Suchmeldung).
2. Beschreibe dann das Tier möglichst genau. Achte hierbei auf eine Ordnung:
   – Beginne mit dem **Gesamteindruck des Tieres** (z. B. Tierart, Größe, Gewicht, Alter …)
   – Beschreibe dann die **besonderen Merkmale** (z. B. Formen, Farben, Eigenheiten …).
3. Schreibe zum **Schluss**, was der Finder des Tieres tun bzw. an wen er sich wenden soll.

1 a Lies das Merkwissen und die folgende Tierbeschreibung. Untersuche dann, inwiefern sie ein gelungenes Beispiel darstellt.

b Trage in die Tabelle ein, welche Informationen du aus der Beschreibung erhältst.

Mustertext

Lieber Opa,

stundenlang habe ich bei Zoo-Heinrich vor der Voliere gestanden und überlegt, welchen Wellensittich ich mir von dir zum Geburtstag wünschen soll. Jetzt weiß ich es. — Einleitung

Der Wellensittich, den ich mir ausgesucht habe, besitzt ein himmelblaues Gefieder. Der Kopf ist etwas heller und an der Stirn weiß. Die Schwanzfedern und die Schwingen werden zu den Enden hin immer dunkler. Die Spitzen sind sogar kohlrabenschwarz. Am Ohr weist er jeweils einen helleren Fleck auf und sein Schnabel ist besonders dunkel. Wie bei fast allen Wellensittichen verläuft eine dunklere Querbänderung, die Wellen, über sein Gefieder. Was ihn aber ganz besonders macht, ist, dass er am linken Fuß nur zwei Krallen hat. Deshalb ist er auch etwas billiger als die anderen. — Hauptteil

Wenn wir diesen Vogel nicht aus der Zoo-Handlung befreien, kommt er dort nie raus. Wenn du mir diesen Vogel schenkst, bist du der allerbeste Opa von der Welt. — Schluss

Liebe Grüße
Julia

Informationen	**Brief**
Grund der Beschreibung	
Welche Tierart wird beschrieben?	
besondere Merkmale	
Was soll getan werden?	

Eine Suchmeldung verfassen

Merkwissen Eine Suchmeldung sprachlich gestalten

- Verwende **passende Adjektive**, mit denen du das Tier anschaulich und genau beschreiben kannst, z. B.: *schneeweiß, klein, kräftig, kugelrund …*
- Verwende anstelle der Wörter *ist, sind, hat* und *haben* **treffende Verben**, z. B.: *trägt, besitzt, befindet sich, weist … auf, verfügt über …*
- Formuliere deine Beschreibung im **Präsens**.

1 Der Tierpfleger bittet Friederike telefonisch, das Meerschweinchen Paul aus dem Käfig zu holen und zum Tierarzt zu bringen. Im Meerschweinchengehege sitzen jedoch noch 17 weitere Meerschweinchen.

a Beschreibe Paul so genau wie möglich. Dabei können dir die Stichwörter unten helfen. Allerdings musst du sie in eine sinnvolle Reihenfolge bringen.

Nasenform Pfoten Ohren

Augen Größe Alter Fell

Rasse: Kurzhaar-/Langhaar-/Rosetten-meerschweinchen

besondere Verhaltensweisen

Fellfarbe: weiß, cremeweiß, grau, schwarz, beige, braun, rotbraun, fuchsrot, hell- und dunkelbraun …

b Überprüfe, ob du Paul anhand deiner Beschreibung zweifelsfrei erkennst. Prüfe, ob die Beschreibung auch auf eines dieser Meerschweinchen passen würde.

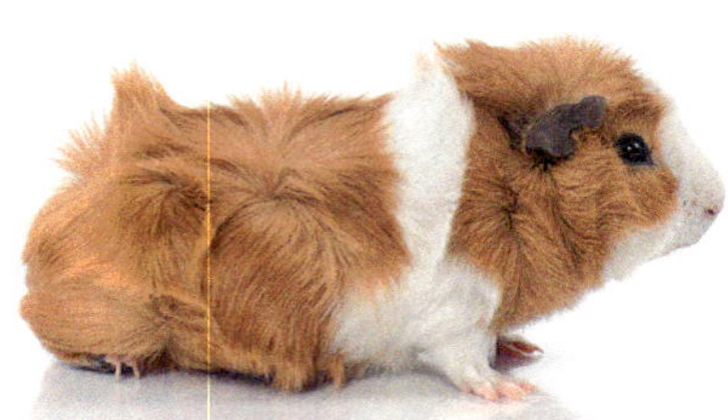

Einen Vorgang beschreiben

Merkwissen Verständlich und genau beschreiben

In einer Vorgangsbeschreibung beschreibst du einen Vorgang – z. B. ein Tier versorgen – so genau und verständlich, dass andere ihn leicht verstehen und selbst ausführen können. Prüfe zunächst sorgfältig, welche Arbeitsschritte für den Vorgang nötig sind, und beschreibe diese dann in der richtigen Reihenfolge.

1 Bringe die Informationen in die richtige Reihenfolge, die Fotos/Bilder helfen dir dabei.

- [ ] Meerschweinchen in Freilauf oder Transportkiste unterbringen
- [ ] Meerschweinchen zurück in Käfig lassen
- [ ] Käfigwanne leeren, Gegenstände rausnehmen, Einstreu ausschütten
- [ ] Näpfe frisch füllen
- [ ] Käfigwanne in der Dusche oder Badewanne heiß abbrausen
- [ ] Einstreu erneuern
- [ ] Gitterstäbe feucht abwischen
- [ ] Futter- und Wassernapf abwaschen
- [ ] Näpfe, Schlafhaus, Unterschlupf zurückstellen

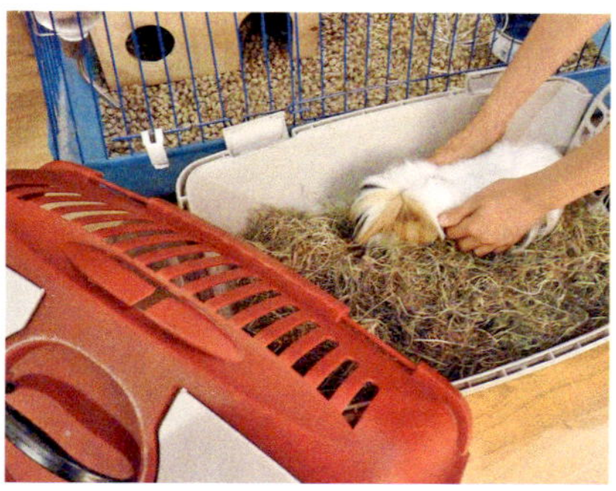

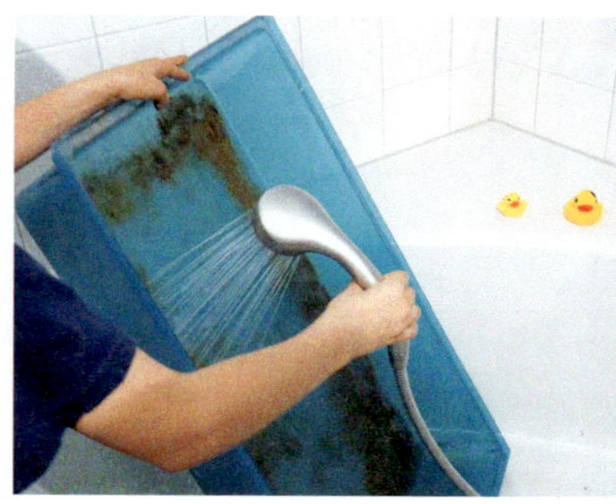

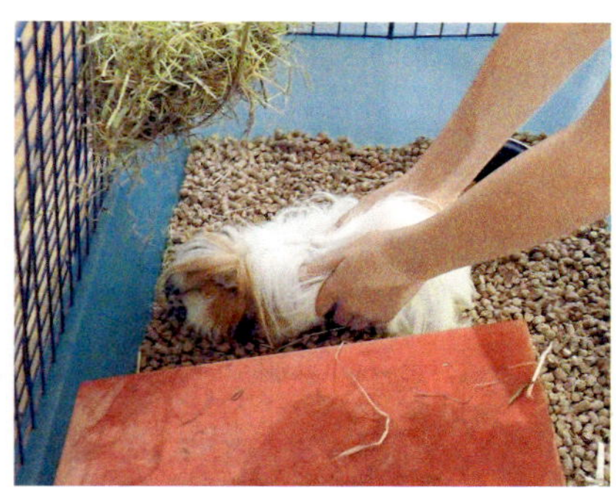

Merkwissen Aufbau einer Vorgangsbeschreibung

1 Formuliere eine **Überschrift**, die den Vorgang zusammenfasst, z. B.:
Einen Meerschweinchenkäfig reinigen
2 Nenne in der **Einleitung** die notwendigen Materialien und Vorbereitungen (mit genauer Anzahl und Mengenangaben), die du benötigst. z. B.: *eine Transportkiste, frisches Einstreu.*
3 Beschreibe im **Hauptteil** Schritt für Schritt den Ablauf des Vorgangs genau und vollständig, z. B.:
Zunächst sollte man das Meerschweinchen in einer Transportkiste unterbringen …
4 Zum **Schluss** kannst du einen **Tipp** zur Benutzung geben, z. B.:
Auf diese Weise reinigst du einen Meerschweinchenstall richtig.

2 Kathrin hat ihrem Freund Ben beschrieben, wie sie ihren Meerschweinchenkäfig saubermacht.
Prüfe ihre Informationen und verbessere die Einleitung und den Schlussteil:
Streiche Überflüssiges durch, verbessere oder ergänze Fehlendes in der Randspalte.

Überschrift:
Einen Meerschweinchenkäfig reinigen

Einleitung:
Je nachdem, wie viele Meerschweinchen in einem Käfig leben, muss man ihn zweimal pro Woche oder seltener komplett reinigen. Dein Meerschweinchen sollte sich immer wohl in seinem Käfig fühlen und du selbst sollst nicht unter dem Gestank leiden. Zum Reinigen benötigt man Wasser, einen Lappen und frische Einstreu …

Hauptteil:
…

Schluss:
Mit einem regelmäßig gereinigten Käfig verhindert man, dass die Meerschweinchen krank werden oder sich unwohl fühlen. Wenn du es jetzt zurück in den Käfig setzt, wird es sehr zufrieden sein.

3 Kathrin hat keine einheitliche Ansprache verwendet. Entscheide dich für eine Form (*man benötigt* oder *du benötigst*) und markiere alle anderen Formen als falsch.

Tipp Sprachliche Mittel (1)
– Verwende nur **eine Form der Ansprache**: *Man nehme* … oder *Nimm* …
– Schreibe die Vorgangsbeschreibung im **Präsens** (Gegenwartsform).

4 Prüfe, ob Kathrin im richtigen Tempus geschrieben hat. Kreuze an.

☐ **A** Nein, Kathrin hat das Tempus falsch verwendet.
☐ **B** Ja, Kathrin hat das Tempus richtig verwendet.

Tipp Sprachliche Mittel (2)
- Beschreibe die einzelnen Arbeitsschritte im Hauptteil **genau und verständlich**, z. B.: *Als Erstes bringst du dein Meerschweinchen in einem Freilauf oder in einer Transportkiste unter.*
- Wähle passende Wörter, die die **Reihenfolge** der einzelnen Arbeitsschritte **deutlich machen**, z. B.: *zuerst, anschließend, danach, zum Schluss …*

5 Beschreibe im Hauptteil mithilfe der Fotos und der Informationen auf S. 15, wie du einen Meerschweinchenkäfig reinigen kannst. Vervollständige dazu die Satzanfänge.

Hauptteil:

Als Erstes nimmst du ______

Danach ______

Zunächst ______

Nun ______

Im Anschluss ______

Jetzt ______

6 Fertige in deinem Heft eine vollständige Vorgangsbeschreibung für das Reinigen eines Meerschweinchenkäfigs an.

7 Dieser Hauptteil einer Vorgangsbeschreibung erklärt die Fütterung eines Meerschweinchens.
Trage die markierten Verben im richtigen Tempus ein.

Tipp Eine Vorgangsbeschreibung wird im **Präsens** geschrieben.

Ein Meerschweinchen ______ benötigen ständig frisches Heu. Morgens ______ füttern du entweder Grün- oder Saftfutter. Achte bitte darauf, dass das Grünfutter nicht feucht ______ sein , sonst wird das Meerschweinchen krank. Reste des Grünfutters ______ müssen du später entfernen. Anschließend ______ wechseln du das Wasser. Dazu ______ nehmen du den Wassernapf aus dem Käfig, ______ spülen diesen unter fließendem Wasser aus und ______ setzen ihn dann gefüllt mit frischem Wasser wieder in den Käfig. Mittags und nachmittags ______ benötigen dein Meerschweinchen noch einmal frisches Grün- oder Saftfutter. Abends ______ bekommen es seine letzte Mahlzeit. Im Anschluss an das Füttern solltest du noch einmal für frisches Wasser sorgen. Einmal in der Woche ______ dürfen du anstelle einer anderen Mahlzeit auch Obst füttern.

8 Überprüfe deinen Text mithilfe der Checkliste und überarbeite ihn, wo es nötig ist.

Checkliste Eine Vorgangsbeschreibung verfassen

- Verdeutlicht die Überschrift, was gemacht oder hergestellt wird?
  Überprüfe, ob die Überschrift zum Text passt.
- Werden in der Einleitung die benötigten Materialien und Vorbereitungen genannt?
  Markiere diese.
- Wird der Vorgang im Hauptteil Schritt für Schritt beschrieben?
  Nummeriere die Schritte in deinem Text mit Bleistift und überprüfe, ob du die richtige Reihenfolge eingehalten hast.
- Wird am Schluss ein Tipp zur Benutzung des Hergestellten gegeben oder gesagt, weshalb man das Beschriebene tun soll? Markiere diese Stelle.
- Benutzt du nur eine Form der Ansprache, die Du- oder die Man-Ansprache?
  Überprüfe, ob du immer nur eine Ansprache verwendet hast.
- Steht dein Text im Präsens?
  Markiere alle Verben im Text und überprüfe, ob sie im Präsens stehen.

●●●9 Betrachte die Abbildung eines Hamsterlabyrinths.

a Erstelle eine Liste der Materialien, die du zum Basteln des Labyrinths benötigst.

b Schreibe eine Bastelanleitung für das Hamsterlabyrinth.

Einen Sachtext lesen und verstehen

Methode Die Fünf-Schritt-Lesemethode

Um einen Sachtext zu erschließen, kommt es darauf an, die wichtigsten Informationen zu entnehmen. Dazu beginnst du mit den folgenden Schritten:
1. Schritt: Lies die **Überschrift** und die ersten Zeilen des Textes. **Betrachte auch die Bilder.** Überlege, worum es gehen könnte und was du über das Thema / den Gegenstand schon weißt.
2. Schritt: Lies **den gesamten Text** sorgfältig durch. Fasse das Thema zusammen. **Kläre unbekannte oder schwierige Wörter** aus dem Textzusammenhang oder schlage in einem Wörterbuch nach.

1 a Lies zunächst nur die Überschrift und die ersten vier Zeilen des Textes. Betrachte dann das Bild. Notiere in deinem Heft, worum es in dem Text geht. Was weißt du schon darüber?
b Lies nun den gesamten Text sorgfältig. Fasse anschließend das Thema in ein bis zwei Sätzen zusammen.

Tierische Irrtümer! Wie der Mensch die Lebensräume der Tiere verändert

„Schwan liebt Tretboot" – so lautete vor einiger Zeit die Überschrift über einem Zeitungsartikel. Berichtet wurde von einem Schwan, der treusorgend und liebevoll ein Tretboot umkreist. Sobald sich jemand nähert, verteidigt er es fauchend. Der Grund dafür? Das Tretboot hat die Form eines Schwans. Dass die angebetete Schwanendame auf die Annäherungsversuche nicht reagiert, stört den Schwan nicht. Er weicht dem Tretboot nicht von der Seite. Wenn es vermietet wird, dann schwimmt er stolz hinterher. Ist er etwa zu dumm, einen echten Schwan von einem Kunststoffvogel zu unterscheiden?
Nein, es ist der Mensch, der für diese und andere tierische Irrtümer verantwortlich ist. Denn nicht nur Schwäne machen Fehler, auch andere Tiere werden durch das Eingreifen des Menschen in ihre Lebensräume verwirrt. In Florida beispielsweise laufen frisch geschlüpfte Schildkröten nicht ins Meer, sondern Richtung Straße, weil dort die Lampen heller leuchten als der Mond auf der Wasseroberfläche. Aber genau das haben die Schildkröten über Jahrmillionen ihrer Evolution gelernt – dorthin zu laufen, wo das Licht ist. Auch unser verliebter Schwan handelt nach den Erfahrungen seiner Vorfahren. Für die war es ausreichend, auf Merkmale wie Länge des Halses, Form des Körpers und Bewegung des Weibchens zu achten und dann ein möglichst großes Exemplar auszusuchen. Woher soll der Schwan wissen, dass er auch das Material der Geliebten prüfen muss?
In der Wissenschaft werden diese Irrtümer als „evolutionäre Fallen" bezeichnet. Sie entstehen vor allem in Städten. So beeinträchtigen die vielen Lampen nachtaktive Insekten und Fledermäuse. Im elektrischen Licht verlieren Zugvögel schnell mal die Orientierung. Auch der Lärm macht vielen Tieren zu schaffen. In der Nähe von Autobahnen muss zum Beispiel der Hausgimpel in höheren Tönen singen als in einer ruhigen Einfamilienhaussiedlung. Das führt dazu, dass seine Lieder zu kurz geraten, die Weibchen jedoch auf lange Liebeslieder stehen. So kommt es zu weniger Paarungen und damit zum Rückgang der Hausgimpel in Städten. Selbst der Spatz ist bedroht, auch wenn es nicht danach aussieht. Denn bei dem Überangebot in den Cafés serviert er seinem Nachwuchs das falsche Futter: Brot- und Kuchenkrümel sind für Spatzenkinder nicht geeignet, sie brauchen eiweißreiche Nahrung wie Käfer, Larven und Blattläuse.
Was kann der Mensch also tun, um die verirrten Tiere wieder auf die richtige Bahn zu bringen? In Florida leuchten seit Neuestem Lampen am Strand, um den Schildkröten die Orientierung zu erleichtern. Und in den Wohnhäusern an der Uferpromenade sind normale Glühlampen verboten. Auch der verliebte Schwan hat nach zwei Jahren eine neue Liebe gefunden – dieses Mal mit echten Federn.

2 Kläre die Bedeutung folgender Wörter mithilfe eines Wörterbuchs:

die Evolution (Z. 22, 31–32):

das Exemplar (Z. 28):

die Orientierung (Z. 53):

Methode Schlüsselwörter markieren

3. Schritt: Lies den Text ein zweites Mal und **markiere die wichtigsten Schlüsselwörter**.
Schlüsselwörter antworten auf die W-Fragen: *Wer? Was? Wo? Wann? Wie? Warum?*
Dadurch enthalten sie die wichtigsten Informationen und helfen so, einen Text zu „erschließen".
Willst du später den Inhalt auf einen Blick erfassen, musst du nur die Schlüsselwörter überprüfen.

3 a Lies den Methodenkasten aufmerksam. Streiche bei den folgenden Sätzen die falsche Aussage durch.

Schlüsselwörter …

A enthalten die wichtigsten Informationen.

C helfen, den Inhalt auf einen Blick zu erfassen.

B stehen immer am Satzanfang.

D beantworten W-Fragen.

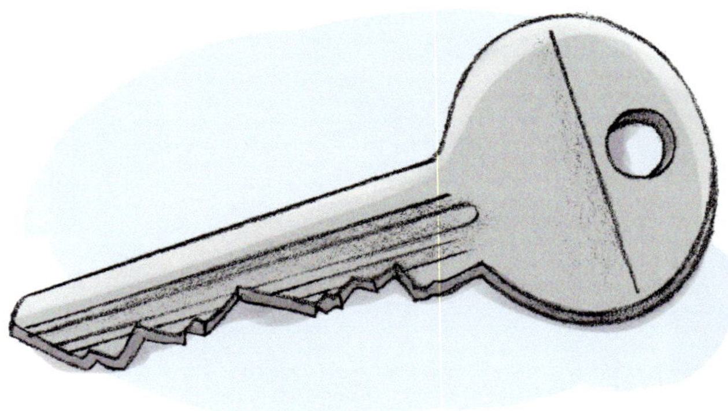

b In den ersten sechs Zeilen des Textes sind fünf Schlüsselwörter markiert.
Auf welche W-Fragen geben sie Antwort?

c Lies nun den gesamten Text auf S. 19 ein zweites Mal gründlich.
Markiere beim Lesen alle Schlüsselwörter.

4 Im folgenden Text sind zu viele Schlüsselwörter unterstrichen.

a Lies den Text. Kläre, worum es geht, und überlege, welche Informationen zu diesem Thema wirklich wichtig sind.

b Markiere die geeigneten Schlüsselwörter farbig.

Hier irrt der Mensch!

Viele Behauptungen über Tiere halten sich hartnäckig, auch wenn lange bewiesen ist, dass sie falsch sind. Ein friedlich grasender Stier wird zum Beispiel nicht auf einen Menschen losgehen, bloß weil der ein rotes T-Shirt trägt. Denn Stiere sind farbenblind und können nur Grautöne wahrnehmen. Dass sie trotzdem auf das rote Tuch des spanischen Torero reagieren, liegt einfach daran, dass der Stierkämpfer wie wild damit herumfuchtelt. Das bringt den Stier in Rage. Den gleichen Effekt hätte also auch ein grün-blau gestreiftes oder gelb-lila gepunktetes Tuch.

Methode Den Text in Sinnabschnitte gliedern

4. Schritt: Gliedere den Text in Sinnabschnitte und gib jedem Abschnitt eine treffende Überschrift.
Ein neuer Sinnabschnitt beginnt dort, wo ein neues Unterthema angesprochen wird.
Schlüsselwörter helfen, das Thema eines Sinnabschnitts zu erkennen.

5 Der erste Sinnabschnitt (S. 19, Z. 1–12) leitet den Sachtext ein. Worum geht es? Kreuze an.

- ☐ Schwäne sind dumme Tiere.
- ☐ Ein Schwan liebt irrtümlich ein Tretboot.
- ☐ In der Zeitung wird über Schwäne berichtet.
- ☐ Tretboote stellen eine Gefahr für Schwäne dar.

6 a Überlege dir nun, wo der zweite Sinnabschnitt endet. Notiere die Zeilenzahl.

2. Sinnabschnitt: Zeile 13 bis ______

b Sieh dir deine Schlüsselwörter in diesem Abschnitt noch einmal an.
Notiere, welche der Wörter den Inhalt knapp und genau zusammenfassen.

Mensch, ______________________________

c Formuliere nun eine passende Überschrift für deinen zweiten Sinnabschnitt.

____

____

Tipp Die **Schlüsselwörter** helfen dir, einem Sinnabschnitt eine treffende Überschrift zu geben.

7 a Unterteile den weiteren Text auf S. 19 in Sinnabschnitte. Ergänze die entsprechenden Zeilenangaben.
b Gib jedem Sinnabschnitt eine passende Überschrift.

1. Sinnabschnitt (*Z. 1-12*): ______________________________
2. Sinnabschnitt (*Z. 13-*): ______________________________
3. Sinnabschnitt (*Z.* *-*): *Evolutionäre Fallen*
4. Sinnabschnitt (*Z.* *-*): *Der Mensch*

Methode Wichtige Informationen zusammenfassen

5. Schritt: Fasse die wichtigsten Informationen des Textes **zusammen**.
Beschränke dich auf wenige Sätze und verwende deine eigenen Worte. So merkst du gleich, ob du den Text gut verstanden hast. Du kannst Informationen auch anschaulich in einer Tabelle oder Grafik zusammenfassen.

8 Fasse den folgenden Sinnabschnitt mit eigenen Worten in deinem Heft zusammen.
Gehe so vor: Überlege, was wichtig ist, und markiere dazu die Schlüsselwörter.
Formuliere mit den Schlüsselwörtern eigene Sätze, die die wichtigsten Informationen enthalten.

Nein, es ist der Mensch, der für diese und andere tierische Irrtümer verantwortlich ist. Denn nicht nur Schwäne machen Fehler, auch andere Tiere werden durch das Eingreifen des Menschen in ihre Lebensräume verwirrt. In Florida beispielsweise laufen frisch geschlüpfte Schildkröten nicht ins Meer, sondern Richtung Straße, weil dort die Lampen heller leuchten als der Mond auf der Wasseroberfläche. Aber genau das haben die Schildkröten über Jahrmillionen ihrer Evolution gelernt – dorthin zu laufen, wo das Licht ist. Auch unser verliebter Schwan handelt nach den Erfahrungen seiner Vorfahren. Für die war es ausreichend, auf Merkmale wie Länge des Halses, Form des Körpers und Bewegung des Weibchens zu achten und dann ein möglichst großes Exemplar auszusuchen. Woher soll der Schwan wissen, dass er auch das Material der Geliebten prüfen muss?

9 a Lies noch einmal den folgenden Abschnitt.

In der Wissenschaft werden diese Irrtümer als „evolutionäre Fallen" bezeichnet. Sie entstehen vor allem in Städten. So beeinträchtigen die vielen Lampen nachtaktive Insekten und Fledermäuse. Im elektrischen Licht verlieren Zugvögel schnell mal die Orientierung. Auch der Lärm macht vielen Tieren zu schaffen. In der Nähe von Autobahnen muss zum Beispiel der Hausgimpel in höheren Tönen singen als in einer ruhigen Einfamilienhaussiedlung. Das führt dazu, dass seine Lieder zu kurz geraten, die Weibchen jedoch auf lange Liebeslieder stehen. So kommt es zu weniger Paarungen und damit zum Rückgang der Hausgimpel in Städten. Selbst der Spatz ist bedroht, auch wenn es nicht danach aussieht. Denn bei dem Überangebot in den Cafés serviert er seinem Nachwuchs das falsche Futter: Brot- und Kuchenkrümel sind für Spatzenkinder nicht geeignet, sie brauchen eiweißreiche Nahrung wie Käfer, Larven und Blattläuse.

b Ergänze die folgende Tabelle und fasse so die Beispiele für „tierisches Fehlverhalten" zusammen.

Fehlverhalten durch	betroffene Tiere	Folgen	Zeilen
		verlieren Orientierung	
	Hausgimpel		*Z. 36–43*
Nahrungsangebot			

10 Fasse nun den Inhalt des gesamten Textes auf S. 19 in deinem Heft zusammen.

Einen Erzähltext lesen und verstehen

Merkwissen Sage

Die Sage ist **ursprünglich** eine **mündlich überlieferte Erzählung**, die häufig auf einen wahren Kern zurückgeht. Das bedeutet, dass sie **mit bestimmten Orten, geschichtlichen Ereignissen, Naturerscheinungen** oder **landschaftlichen Besonderheiten** verbunden ist. In der Sage können Zwerge, Elfen, Riesen, vermenschlichte Tiere oder Menschen mit übernatürlichen Fähigkeiten auftreten.
Die Sage berichtet von wunderbaren, teils gruseligen Begebenheiten und außergewöhnlichen Ereignissen. Manche Sagengestalten sind mit einer bestimmten Region verbunden, z. B. Krabat in der Lausitz, Rübezahl im Riesengebirge, der Klabautermann an der Küste.

1 Lies die folgende Sage aus der Oberlausitz.

Pumphut

Vor langer Zeit lebte in Spohla bei Wittichenau ein Müllerbursche, der auf den Namen Martin Pumphut hörte. Er lief immer dem Wasser nach und kam so von Mühle zu Mühle. Bei den Müllersleuten, bei denen er gut behandelt wurde, setzte er sich nieder und erzählte bei einem Gläschen Branntwein und einer Scheibe Brot allerlei Geschichten und zeigte viele Kunststücke. Danach ging er zufrieden seines Weges. Aber es gab auch Müllersleute, die ihn einfach hungrig wegschickten. Diesen geizigen Leuten spielte er üble Streiche.

Eines Tages erreichte Pumphut die Braaker Mühle. Bald schon hörte er das lustige Treiben, die Müller der Umgebung feierten mit ihren Frauen und Töchtern, aßen und tranken und waren voller Fröhlichkeit. […] Da rechnete sich Pumphut ein festliches Mahl aus, einen vollen Bauch und eine feuchte Kehle. Er betrat die Gaststube, drängelte sich durch die tanzende und lärmende Menge und setzte sich, ohne ein Wort zu verlieren, in den hinteren Winkel.

Ein Junge, der half die Gäste zu bewirten, musterte den neuen Gast und sah in ihm einen feiernden Müllerburschen. Dem schob er einen ordinären Schnaps hin und ein Stück trocken Brot. „Da, Alter, mach' dir eine schöne Stunde!“, sagte er dazu. Das ärgerte Pumphut, da dieser sich vergebens auf einen guten Bissen gefreut hatte. Pumphut schwor sich, es dem Müller heimzuzahlen. Beim Weggehen fragte er den Jungen, warum man denn so ausgelassen feiere. „Es soll ein Rad gehoben werden“, antwortete er.

Danach schlich Pumphut durch das Pförtchen und verzauberte das Rad. Dann ging er davon. Nachdem die Gäste gesättigt waren und wohl auch angetrunken, versammelten sie sich am Rad, um gemeinsam der feierlichen Handlung beizuwohnen. Alles war gerichtet, vermessen, ausgezirkelt, sodass der Radhub hätte ohne Zwischenfall vorgenommen werden können. Doch keiner wollte seinen Augen trauen! Wie gebannt starrten sie alle zur Welle. Sie war nicht weniger als eine halbe Elle zu kurz!

Der Müller brach in lautes Geschrei aus und zerraufte sein Haar. Einer rief: „Das Rad passte vorher wie angegossen!“ – „Zum Teufel!“, rief ein anderer. Und schließlich rief ein Dritter: „Wenn's nur kein Streich vom Pumphut ist!“ Da fielen allen die Schuppen von den Augen. […]

„Lauft ihm hinterdrein! Leute, geschwind ihm hinterdrein!“, riefen alle durcheinander. Es dauerte nicht lange, da fanden sie ihn am Bach sitzen. Pumphut wusste, warum die Müller gekommen waren. Er begleitete sie zur Mühle und ließ sich das beste Essen und den besten Wein auftischen. Als er gemütlich gegessen und getrunken hatte, fragten die Müller, wie man die Sache mit dem Rad beheben könnte. „Da müsste der Kuckuck drinsitzen! Schenk noch einen ein, Junge!“, sagte Pumphut. Dann ging er hinaus, schaute sich die verkürzte Welle an, zog den Hut und beklopfte sie damit vorne und hinten. Als die Müller nochmal versuchen wollten, dass Rad anzuheben, passte es wie angegossen. Seitdem geben die Müllersleute Pumphut nur Brot mit Butter und den besten Branntwein.

2 Sind dir beim Lesen Wörter oder Wendungen aufgefallen, die du nicht auf Anhieb verstanden hast? Kläre ihre Bedeutung aus dem Zusammenhang oder mithilfe eines Wörterbuchs.

3 a Lies den Merkkasten auf S. 23 aufmerksam durch.
●●● b Welche Sagenmerkmale treffen auf die Geschichte zu?
Notiere das Merkmal und die entsprechende Textstelle mit Zeilenangabe. Schreibe in dein Heft.

4 Welche der folgenden Aussagen fasst den Inhalt der Sage korrekt zusammen?
Kreuze die richtige Lösung an.

- ☐ **A** Pumphut verzaubert aus Bosheit ein Mühlenrad und erhält deshalb beim Fest nur trockenes Brot.
- ☐ **B** Als Dank für die Gastfreundschaft des Müllers repariert Pumphut das kaputte Mühlenrad.
- ☐ **C** Pumphut erhält beim Fest nur trockenes Brot und verzaubert aus Ärger darüber das Mühlenrad.
- ☐ **D** Pumphut spielt dem Müller einen Streich und lässt sich sogar noch das beste Essen und den besten Wein auftischen.

5 Untersuche den Aufbau dieser Sage.
a Unterteile sie in Erzählschritte und gib die Zeilen an.
b Schreibe dann passende Stichwörter dazu auf. Ergänze die Tabelle.

Zeilen	Erzählschritt	Stichwörter
1–11	– Einleitung	– Herkunft von Pumphut
	–	– Braaker Mühle, Fest, Aussicht auf gutes Essen
	– Pumphut wird verärgert	–
	–	– Verzauberung des Mühlenrads
	–	–
	– Versöhnung	–

6 Suche aus dem Text alle Informationen über Pumphut heraus. Versetze dich in die Sagenfigur und beantworte die folgenden Fragen in der Ich-Form. Schreibe im ganzen Satz.

Wie heißt du und wo kommst du her? ______________________

Was bist du von Beruf und wo arbeitest du? ______________________

Worüber ärgerst du dich? ______________________

Wie zahlst du es den Müllersleuten heim? ______________________

Über welche Kräfte verfügst du? ______________________

Was kannst du schon?
Grammatik

1 Um welche Wortart handelt es sich? Kreuze an. (10 Punkte)

	Unser	Sportfest	fand	bei	wunderbarem	Wetter	an	einem	Freitag	statt.
Nomen/Substantiv	☐	☐	☐	☐	☐	☐	☐	☐	☐	☐
Verb	☐	☐	☐	☐	☐	☐	☐	☐	☐	☐
Adjektiv	☐	☐	☐	☐	☐	☐	☐	☐	☐	☐
Artikel	☐	☐	☐	☐	☐	☐	☐	☐	☐	☐
Pronomen	☐	☐	☐	☐	☐	☐	☐	☐	☐	☐
Präposition	☐	☐	☐	☐	☐	☐	☐	☐	☐	☐

2 a Markiere in den folgenden Sätzen die drei Adjektive.
Trage sie in der Grundform in die Tabelle ein. (3 Punkte)
b Ergänze in der Tabelle die noch fehlenden Formen. (6 Punkte)

Einen spannenderen Tag konnte man sich nicht vorstellen. In zahlreichen Wettkämpfen traten die sportlichsten Schüler der Schule gegeneinander an.

Positiv (Grundform)	**Komparativ** (1. Steigerungsstufe / 1. Vergleichsstufe)	**Superlativ** (2. Steigerungsstufe / 2. Vergleichsstufe)
______	______	______
______	______	______
______	______	______

3 Setze die Verben im Präteritum (in der einfachen Vergangenheit) ein. (8 Punkte)

Beim Sportfest ______ passieren die Sache mit Hanna. Sie ______ wollen eigentlich nur einen Hochsprung durchführen. Dafür ______ nehmen sie in einem gekonnten Bogen Anlauf. Frau Freund, die Biologielehrerin, ______ schlendern nichts ahnend über den Platz. Hanna ______ rennen mit vollem Schwung auf sie zu und ______ zusammenstoßen mit ihr ______ . Sie ______ sein dabei so konzentriert auf den Hochsprung, dass sie nach dem Aufprall plötzlich auf der Schulter der Lehrerin ______ sitzen .

4 Kreuze für jede der Aussagen **A** bis **I** an, ob sie in Bezug auf die Sätze 1 bis 6 richtig oder falsch ist. (9 Punkte)

1. Das Sportfest endete mit der Siegerehrung.
2. Die Schulleiterin überreichte allen Gewinnern ihre Auszeichnungen.
3. Die meisten Medaillen hatte Lukas gewonnen.
4. Er freute sich riesig und umarmte seine Freundin Marie.
5. Nach dem Schlussapplaus gingen die Kinder erschöpft nach Hause.
6. Am Montag erschien ein ausführlicher Artikel in der Tageszeitung.

	richtig	falsch
A Der erste Satz besteht aus vier Satzgliedern.	☐	☐
B Im zweiten Satz steht das Prädikat (die Satzaussage) an der zweiten Satzgliedstelle.	☐	☐
C Der vierte Satz enthält zwei Prädikate.	☐	☐
D Jeder Satz enthält ein Subjekt (einen Satzgegenstand).	☐	☐
E Das Objekt im dritten Satz steht im Akkusativ (Wen-Fall).	☐	☐
F Das fünfte Wort im fünften Satz ist das Prädikat.	☐	☐
G Nur der sechste Satz enthält ein zweiteiliges Prädikat.	☐	☐
H Kein Satz enthält ein Objekt im Dativ (Wem-Fall).	☐	☐
I Nur im ersten und zweiten Satz steht das Subjekt als erstes Satzglied.	☐	☐

5 a Bestimme die Satzart in der Sprechblase links und trage das richtige Satzzeichen ein. (3 Punkte)
b Verändere jeden Satz passend zum rechts vorgegebenen Satzzeichen:
Schreibe die umformulierten Sätze auf. (3 Punkte)

A Kommst du mit zum Weitsprung ☐

____

______________________________ !

B Ich weiß nicht, wo meine Sporttasche ist ☐

____

______________________________ ?

C Mach die Flasche sofort wieder zu ☐

____

______________________________ .

6 a Überprüfe deine Lösungen mithilfe des Lösungsheftes.
b Trage ein, wie du die Aufgaben bewältigt hast: ✓ = das Meiste richtig ? = noch etwas unsicher

Aufgabe	1 ☐	2 ☐	3 ☐	4 ☐	5 ☐
Weitere Übungen	S. 27–34	S. 30–31	S. 42	S. 45–53	S. 55

Wortarten

Nomen/Substantive

Merkwissen Das Nomen (Plural: die Nomen) / das Substantiv (Plural: die Substantive)

Nomen/Substantive werden immer großgeschrieben und im Satz oft von Wörtern begleitet, z. B. von:
- einem bestimmten Artikel, z. B.: *der Wetterfrosch, die Wetterkarte, das Thermometer,* oder
- einem unbestimmten Artikel, z. B.: *ein Wetterfrosch, eine Wetterkarte, ein Thermometer,* oder
- einem Adjektiv und/oder Pronomen, z. B.: *grüner Wetterfrosch, mein neues Thermometer.*

Nomen/Substantive haben ein **Genus** (ein grammatisches Geschlecht), das man an seinem Artikel erkennt, z. B.: *der Regen* (**Maskulinum**), *die Sonne* (**Femininum**), *das Gewitter* (**Neutrum**).

Nomen/Substantive haben einen **Numerus**, d. h. eine Anzahl. Sie stehen entweder im
- **Singular** (Einzahl), z. B.: *der Sturm, die Wolke, das Nebelfeld,* oder im
- **Plural** (Mehrzahl), z. B.: *die Stürme, die Wolken, die Nebelfelder.*

1 a Lies das folgende Gedicht und kreuze an, welche der drei Aussagen zutrifft.

Oskar Stock
Übers Wetter

Könnt' der Mensch das Wetter machen,
gäbe es nicht viel zu lachen,
denn es herrschte Streiterei,
was das beste Wetter sei.

Der eine schwärmte von der Sonne
und deren Strahlen, voller Wonne,
weil er sich darin könnte aalen
und hier mit seinem Körper prahlen.

Der andere pochte auf den Regen
und auf den Schnee auch, meinetwegen,
weil die Natur nach Nässe schreit
und sonst nichts wachse mit der Zeit.

Drum ist's vom Wetter gut und recht,
dass es so ist, wie's grade möcht',
und schimpft der eine gar am Ende,
der andre reibt sich froh die Hände.

Wenn der Mensch das Wetter machen könnte,

- ☐ wäre das Wetter immer gut.
- ☐ gäbe es öfter mal ein Gewitter.
- ☐ gäbe es unter den Menschen Streit.

b Markiere im Gedicht alle Nomen/Substantive zusammen mit ihren Begleitern.

c Übertrage die Tabelle in dein Heft und sortiere alle Nomen aus dem Gedicht nach ihrem Genus ein. Schreibe die Nomen/Substantive im Singular auf.

Maskulinum	Femininum	Neutrum
der Mensch		

●●●2 a Suche aus dem Text die Nomen/Substantive heraus, die im Plural stehen.

b Von welchen Nomen aus dem Gedicht lässt sich kein Plural bilden? Erkläre, warum dies so ist.

Merkwissen Der Kasus (der Fall, Plural: die Kasus)

In Sätzen erscheinen Nomen/Substantive immer in einem bestimmten Kasus (grammatischen Fall). Im Deutschen gibt es vier Kasus. Nach dem Kasus richten sich die Form des Artikels und die Endung des Nomens. Man kann den Kasus eines Nomens/Substantivs **durch Fragen ermitteln**:

Kasus	Kasusfrage	Beispiele
1. Fall: **Nominativ**	Wer ...? oder Was ...?	***Die kleine Hexe*** *köchelt den Wettertrank.*
2. Fall: **Genitiv**	Wessen ...?	*Der Rabe* ***der kleinen Hexe*** *heißt Abraxas.*
3. Fall: **Dativ**	Wem ...?	*Der Rabe hilft* ***der kleinen Hexe****.*
4. Fall: **Akkusativ**	Wen ...? oder Was ...?	*Er warnt* ***die kleine Hexe*** *vor Übermut.*

3 a Erfrage für jede fett gedruckte Wortgruppe den Kasus: Kreuze ihn an.
b Trage ganz rechts das Wort ein, das zur angekreuzten Zahl gehört: Diese Wörter findest du unter der Tabelle.
Wenn du alles richtig gemacht hast, ergibt sich, von oben nach unten gelesen, ein Lösungssatz.

Die kleine Hexe übt Regenmachen	Kasusfrage	Nominativ	Genitiv	Dativ	Akkusativ	Lösungswörter
A Etwa sechs Stunden am Tag verbringt **die kleine Hexe** damit, das Hexen zu üben.	*Wer?*	☒ 12	8	11	2	*Trotz*
B Der Rabe Abraxas leistet **der kleinen Hexe** dabei Gesellschaft.		4	7	2	9	
C Die kleine Hexe hält große Stücke auf ihn, weil er ihr immer **seine Meinung** sagt.		13	1	5	14	
D Heute übt sie gerade **das Regenmachen**.		6	10	15	3	
E **Abraxas** ist sehr unzufrieden mit ihr.		5	9	13	1	
F Statt nämlich Regen zu machen, lässt die kleine Hexe es erst **Frösche** regnen, dann Regenwürmer und schließlich Buttermilch.		14	3	8	7	
G „Wenn du dich nicht sofort besser konzentrierst, werde ich mich **deines Zauberstabes** bemächtigen. Das ist ja zum Mäusemelken!", krächzt der Rabe.		4	10	15	13	
H Die kleine Hexe kann **dem Raben** nicht wirklich widersprechen. Sie ist heute einfach nicht bei der Sache.		1	11	9	15	
I Heute ist nämlich **Walpurgisnacht**. Aber die kleine Hexe darf noch nicht am Hexentanz teilnehmen: Sie ist mit ihren einhundertsiebenundzwanzig Jahren noch zu jung!		15	13	4	8	

Hier findest du die Lösungswörter:

1 Rabe	4 große	7 kleine	10 Hexe	13 Regen
2 Abraxas'	5 die	8 Zauberstab	11 eine	14 Ermahnungen
3 will	6 zaubern	9 zum Blocksberg	12 Trotz	15 reiten

Pronomen

Merkwissen Pronomen

Es gibt verschiedene Arten von Pronomen.
- Mit dem **Personalpronomen** (*ich, du, er, sie, es, wir, ihr, sie*) kann man Nomen/Substantive ersetzen, z. B.: *Der Lehrer für Zaubertränke ist sehr streng, er duldet keinen Widerspruch.*
  ***Astor** hat seinen Kessel mit den falschen Zutaten gefüllt. Deshalb hält der Lehrer **ihm** eine Strafpredigt.*
- **Possessivpronomen** (*mein/meine – dein/deine – sein/seine, ihr/ihre – unser/unsere – euer/eure – ihr/ihre*) geben an, (zu) wem etwas gehört. Possessivpronomen begleiten meist Nomen und stehen dann in dem gleichen Kasus (Fall) wie das dazugehörige Nomen, z. B.: ***Ich** packe **meine** Kleidung in **meinen** Koffer.*

1 Prüfe, welches Personalpronomen das richtige ist. Streiche die falschen Pronomen durch.

Zaubertrankkunde bei Professor Taranis

Professor Taranis unterrichtet Zaubertrankkunde. Er/Sie/Es ist ein strenger Lehrer. Heute sollen die Schüler einen Gewittertrank herstellen. „ Er/Es/Ich ermahne euch/ihnen/uns nur einmal, es/ihr/wir müsst zunächst gründlich eure Kessel reinigen, bevor du/sie/ihr anfangen könnt." Luna schrubbt ihren Kessel voller Hingabe mit einer Bürste, er/sie/es hat vor lauter Anstrengung schon Schweißperlen auf der Stirn. „ Ich/Er/Du musst noch gründlicher sein!", ermahnt Taranis es/sie/ihn streng. Endlich sind alle Schüler fertig. Nun sollen ihr/sie/wir die Zutaten richtig abmessen. „ Wir/Ihr/Sie benötigt drei Tropfen Krötenschleim, vier Esslöffel Schlangenzähne, fünf Fliegenpilze und eine Prise Spinnenbein. Er/Du/Ich erwarte, dass keine Zutaten verschwendet werden, sie/wir/ihr sind sehr kostbar." Anschließend verkündet Taranis: „Nun wollen sie/wir/ihr gemeinsam den richtigen Zauberspruch üben, sprecht nach: Krötenschleim und Schlangenzahn, es gebe Hagel, Stürme und Orkan, Fliegenpilz und Spinnenbein, schwarz soll heute der Himmel sein!"

●●● **2** Überarbeite den folgenden Text.

a Markiere alle Nomen/Substantive, die du durch Personal- oder Possessivpronomen ersetzen kannst.

Das Stundenprotokoll

Mr. Taranis zeigte den Schülern in der letzten Stunde, wie Schüler ein Gewitter machen können. Zunächst musste jeder Schüler den Kessel des Schülers gründlich säubern. Nachdem Mr. Taranis mit dem Ergebnis zufrieden war, erklärte Mr. Taranis den Schülern, dass die Schüler die Zauberbücher der Schüler aufschlagen sollten. Die Zutaten für den Gewittertrank standen im Buch, die Zutaten mussten jetzt nur noch richtig abgemessen und in den Kessel gefüllt werden. Mr. Taranis forderte anschließend die Klasse auf, Mr. Taranis den passenden Zauberspruch nachzusprechen. Leider hatte ein Schüler das Rezept nicht genau genug gelesen: Der Schüler verwechselte Spinnenbeine mit Rattenfüßen, daher explodierte der Kessel des Schülers. Mr. Taranis war über diesen Schüler so wütend, dass Mr. Taranis dem Schüler auftrug, ein Stundenprotokoll zu verfassen, welches der Schüler hiermit vorlegt.

b Ersetze die markierten Nomen/Substantive durch ein Pronomen und schreibe den Text neu auf, z. B.:
Mr. Taranis zeigte den Schülern in der letzten Stunde, wie sie …

Adjektive

Merkwissen Das Adjektiv (das Eigenschaftswort; Plural: die Adjektive)

- Ein Adjektiv drückt aus, **wie** etwas ist. Mit Adjektiven können **Eigenschaften** von Lebewesen, Dingen, Gefühlen oder Vorgängen genauer beschrieben werden, z. B.: *der starke Wind, der schwache Wind.*
- Adjektive werden **kleingeschrieben**. Adjektive, die vor dem Nomen stehen, stehen in demselben Kasus, Numerus und Genus wie das Nomen, z. B.: *ein kalter Winter, ein heftiges Unwetter, die frischen Böen.*

1 Markiere alle Adjektive im folgenden Text.

Der Wetterfrosch

Ist ein kleiner, grüner Laubfrosch in der Lage, gutes oder schlechtes Wetter vorauszusagen? Hier ist die Antwort: In alten Zeiten wurden Frösche oft in durchsichtigen Glasbehältern gehalten, in denen eine kleine Leiter stand. Bei schönem Wetter stiegen die Frösche dann auf der schmalen Leiter nach oben. Auch in der freien Natur könnt ihr beobachten, dass Laubfrösche an herrlichen Sonnentagen an Pflanzen hochklettern. Die richtige Erklärung dafür ist aber nicht das freundliche Wetter an sich, sondern es sind die Beuteinsekten, die sich bei gutem Wetter weiter oben im Pflanzenbestand aufhalten. Die Frösche klettern also nach oben, um die leckeren Insekten zu verspeisen. Also sind eigentlich die Insekten die wahren Wetterfrösche! Für die Wettervorhersage gibt es heute bessere Methoden, sodass wir keine armen Frösche mehr in enge Einmachgläser sperren müssen. Außerdem stehen die süßen, kleinen Laubfrösche unter Naturschutz.

2 Setze das angegebene Adjektiv und das Nomen/Substantiv im richtigen Kasus ein, z. B.:

Immerhin kann man *den winzigen Zwerg* (winzig, Zwerg) noch mit bloßem Auge erkennen.

A In Peru haben Wissenschaftler ________________ (neu, Froschart) entdeckt.

B ________________ (klein, Winzling) passt bequem auf eine Fingerkuppe.

C Man kam ________________ (zwergenhaft, Tier) durch sein Quaken auf die Spur.

D Die „Größe“ ________________ (winzig, Frosch) beträgt gerade einmal 11,4 Millimeter.

●●●3 Sieh dir die unterstrichenen Wörter genau an. Kreuze an, wenn es sich um ein Adjektiv handelt.

Der Laubfrosch

Die Größe eines Laubfrosches beträgt 3 bis 4,5 cm, er wiegt selten mehr als 4 g. Damit gehört er zu den kleinen ☐ Fröschen in Deutschland. Der Laubfrosch hat eine glatte ☐, grasgrüne ☐ Haut, einen weißen ☐ Bauch und an den ☐ Seiten befindet sich jeweils ein dunkler ☐ Streifen. Die Laubfrösche sind gute ☐ Kletterer. Sie leben an einheimischen ☐ Waldrändern, in feuchten Wiesen oder an pflanzenreichen ☐ Teichen und ernähren sich von kleinen ☐ Insekten. In der freien ☐ Natur werden die Tiere kaum ☐ mehr als fünf Jahre alt.

Merkwissen Die Steigerung der Adjektive

Adjektive kann man steigern, z. B.: *kalt – kälter – am kältesten*. So kann man z. B. Dinge und Lebewesen miteinander vergleichen. Es gibt **drei Steigerungsstufen**:

Positiv (Grundform)	**Komparativ** (1. Steigerungsstufe)	**Superlativ** (2. Steigerungsstufe)
Laura ist groß.	*Luisa ist größer.*	*Karen ist am größten.*

- **Vergleiche mit dem Positiv** werden mit *wie* gebildet, z. B.: *Elsa ist genauso groß* ***wie*** *Laura.*
- **Vergleiche mit dem Komparativ** werden mit *als* gebildet, z. B.: *Pia ist größer* ***als*** *Laura.*

4 Vergleiche die Angaben: Wer ist größer, wer schneller, wer wird älter?
Schreibe zu jedem Paar einen Satz in dein Heft:
Entscheide, ob du *wie* oder *als* verwenden musst.

A Goliathfrosch: Größe 40 cm — Ochsenfrosch: bis zu 20 cm

A Der Goliathfrosch ist größer als der Ochsenfrosch.

B Laubfrosch: ca. 4 g — blauer Pfeilgiftfrosch: ca. 4 g

C Krallenfrosch: ca. 30 Jahre — Laubfrosch: ca. 4–5 Jahre

D blauer Pfeilgiftfrosch: 4 g — Goliathfrosch: bis zu 4 kg

E Flugfrosch: Sprungweite 10 m — Ochsenfrosch: etwa 2 m

F Wasserfrosch: ca. 4–5 Jahre — Laubfrosch: ca. 4–5 Jahre

5 Formuliere mithilfe des Superlativs (2. Steigerungsstufe): Welcher Frosch von Aufgabe 4 steht jeweils auf Platz 1?

Sprungweite: *Der Flugfrosch kann am weitesten springen.*

Alter: ______________________________

Größe: ______________________________

Gewicht: ______________________________

●●●6 Schreibe den folgenden Text in dein Heft und setze die Adjektive *klein*, *groß* oder *stark* passend ein.

Der Frosch und der Ochse – eine Fabel

Ein Frosch sah auf einer Wiese einen Ochsen stehen. „Warum bin ich nicht wenigstens so ? wie der Ochse? Ich will von allen am ? sein", dachte der ? Frosch. „Aber wenn ich mich ordentlich aufblase, kann ich wohl so ? werden wie der Ochse!" Gesagt, getan, der ? Frosch begann sich aufzublähen, so ? er nur konnte. Dann rief er den anderen Fröschen zu: „Nun, bin ich jetzt so ? wie der Ochse?" „Nein, noch lange nicht, du bist noch viel, viel ? ." Da blies er sich weiter auf und fragte wieder: „Und jetzt?" Die anderen Frösche lachten nur. „Euch werd ich es zeigen", schrie der Frosch erbost, mit aller Kraft blähte er sich noch ? auf, bis er schließlich platzte.

Präpositionen

Merkwissen Die Präposition (das Verhältniswort, Plural: die Präpositionen)

- Präpositionen wie *in, auf, über* drücken Verhältnisse und Beziehungen zwischen Gegenständen und Personen aus. Oft drücken sie ein **örtliches Verhältnis** *(unter dem Tisch)* oder ein **zeitliches Verhältnis** *(in dieser Woche)* aus. Sie können aber auch einen **Grund** angeben *(**wegen** der Bauchschmerzen)* oder die **Art und Weise** *(ohne viel Aufwand)* bezeichnen.
- Präpositionen sind nicht **flektierbar** (veränderbar). Die Präposition steht in der Regel vor einem Nomen (mit oder ohne Begleiter) oder einem Pronomen. Sie bestimmt den Kasus des nachfolgenden Wortes oder der nachfolgenden Wortgruppe, z. B.: *auf dem Dach, mit ihm, wegen des schlechten Wetters, bei dem Regen*.

1 Beschreibe mithilfe von passenden Präpositionen und Nomen/Substantiven, wo sich die genannten Tiere befinden.

Eine Katze liegt unter einem Baumstamm.

Eine Maus sitzt ____________________.

Die Füchse lagern ____________________.

Eine Eule hockt ____________________.

Eine Spinne krabbelt ____________________.

Ein Salamander ruht ____________________.

●●●2 Lies das Gedicht und streiche bei den unterstrichenen Präpositionen jeweils die beiden falschen durch.

Wilhelm Busch
Fink und Frosch

~~An~~, ~~In~~, Auf leichten Schwingen frei und flink
Zum, Zur, Im Lindenwipfel flog der Fink
Und sang an, am, in dieser hohen Stelle
Sein Morgenlied so glockenhelle.

Ein Frosch, ein dicker, der in, am, im Grase
Auf, Am, Über Boden hockt, erhob die Nase,
Strich selbstgefällig seinen Bauch
Und denkt: Die Künste kann ich auch.

Alsbald ohne, mit, am rauen Stamm der Linde
Begann er, wenn auch nicht geschwinde,
Doch mit, auf, über Erfolg emporzusteigen,
Bis er zuletzt von Zweig zu Zweigen,
Wobei er freilich etwas keucht,
Den höchsten Wipfelpunkt erreicht
Und hier sein allerschönstes Quaken
Ertönen lässt in, an, aus vollen Backen.

Der Fink, dem dieser Wettgesang
Nicht recht gefällt, entfloh und schwang
Sich an, in, auf das steile Kirchendach.

Wart', rief der Frosch, ich komme nach.
Und richtig ist er fortgeflogen,
Das heißt, nach unten hin im Bogen,
Sodass er schnell und ohne, mit, am Säumen,
Mit, auf, über mehr als zwanzig Purzelbäumen,
Zur, an, über Erde kam mit lautem Quak,
Nicht ohne großes Unbehagen.

Er fiel im, zum Glück mit, auf seinen Magen,
Den dicken, weichen Futtersack,
Sonst hätt' er sicher sich verletzt.

Heil ihm! Er hat es durchgesetzt.

Verben

Merkwissen Das Verb (Tätigkeitswort, Plural: die Verben)

Mit Verben gibt man an, **was ist, was geschieht** oder **was jemand tut**, z. B.: *sein, zaubern*.
- Der Infinitiv (die Grundform) eines Verbs endet auf *-en* oder *-n*, z. B.: *schlumpf-en*.
- Wenn man ein Verb im Satz verwendet, bildet man die **finite Verbform** (Personalform des Verbs). Das nennt man **konjugieren** (beugen). Die finite Verbform wird aus dem Infinitiv gebildet. An den Stamm des Verbs wird die passende Endung angehängt:

Singular		**Plural**	
1. Person	*ich schlumpf-e*	1. Person	*wir schlumpf-en*
2. Person	*du schlumpf-st*	2. Person	*ihr schlumpf-t*
3. Person	*er/sie/es schlumpf-t*	3. Person	*sie schlumpf-en*

1 a Unterstreiche in jedem Satz das Wort oder die Wortgruppe, nach der sich die Personalform richtet.
b Setze die Infinitive in den Kästen in die richtige Personalform und schreibe sie in die Lücken.

Die Schlümpfe und die Wettermaschine (1)

Sicher ______________ kennen ihr alle das lustige Volk der Schlümpfe! Eines Tages in ihrem Dorf: Missmutig ______________ müssen der Bastelschlumpf nach dem Aufstehen feststellen, dass es draußen schon wieder wie aus Eimern ______________ schütten . Auch die anderen Schlümpfe ______________ haben schlechte Laune wegen des Wetters: „Verschlumpft, es schlumpft schon wieder." Der Bastelschlumpf ______________ denken bei sich: „Jeder ______________ schlumpfen über das Wetter, aber keiner schlumpft etwas dagegen. Jetzt ______________ schlumpfen ich eine Maschine dagegen!" Gesagt, getan, gleich ______________ machen sich der Bastelschlumpf an die Arbeit. Nachdem er alle Materialien gesammelt ______________ haben , ______________ setzen er die Teile zusammen und nach vielen Stunden ermüdender Arbeit ist das Werk vollendet:

„Jetzt ______________ können ich die Maschine in Betrieb schlumpfen." Kurz darauf ______________ hören man einen Jubelschrei im Dorf: „Hurra, sie schlumpft!"

Aufgeregt ______________ eilen die anderen Schlümpfe herbei und ______________ lassen sich die neue Maschine vorführen.

Alle sind ganz beeindruckt. Der große Schlumpf ordnet gleich an:

„Zur Einweihung ______________ schlumpfen du die Maschine auf ‚Schönwetter' und wir ______________ schlumpfen ein Fest!"

Merkwissen Der Imperativ (Befehlsform des Verbs, Plural: die Imperative)

Die Befehls- oder Aufforderungsform eines Verbs nennt man Imperativ. Man kann eine Aufforderung an eine Person oder an mehrere Personen richten. Dementsprechend gibt es den Imperativ Singular (*Komm jetzt! – Lauf weg!*) und den Imperativ Plural (*Kommt jetzt! – Lauft weg!*).

- Der **Imperativ Singular** besteht aus dem Stamm des Verbs (*laufen* ⟶ *lauf!*), manchmal wird auch ein *-e* an den Stamm gehängt (*reden* ⟶ *rede!*) oder es ändert sich der Stammvokal von *e* zu *i* (*geben* ⟶ *gib!*).
- Der **Imperativ Plural** wird in der Regel gebildet, indem man an den Stamm des Verbs ein *-t* anfügt (*laufen* ⟶ *lauft!*).

2 Bilde Imperative zu den folgenden Verben im Singular und im Plural.

schreiben: *schreib(e)!* ______ rechnen: ______

waschen: ______ bleiben: ______

3 Schlümpfe bevorzugen das Verb *schlumpfen*. Übersetze ihre Sprache in unsere Sprache: Wähle passende Verben aus und trage sie in der richtigen Personalform oder im Imperativ in die Lücken ein.

halten machen brauchen wünschen laufen schauen stellen ~~packen~~

schreiben bewegen verschwinden gehen vergessen

Die Schlümpfe und die Wettermaschine (2)

Der Große Schlumpf befiehlt: „*Schlumpft* (*Packt*) die Picknickkörbe und *verschlumpft* (______) die Sonnenschirme nicht!“ Der Gärtner- und der Dichterschlumpf bleiben im Dorf zurück: „Ich *schlumpfe* (______) ein Gedicht über die Sonne.“ Der Gärtnerschlumpf sorgt sich um seinen vertrocknenden Salat. Die Lösung ist schnell gefunden: „Ich *schlumpfe* (______) die Maschine einfach auf Regen.“ Gesagt, getan: Es regnet. Der Dichterschlumpf tobt und stellt die Maschine jetzt auf „pralle Sonne“! Erbost eilt der Gärtnerschlumpf herbei, ein Riesenstreit entbrennt: „Was *schlumpfst* (______) du denn hier? *Verschlumpfe* (______)! Mein Salat *schlumpft* (______) Wasser!“ „*Schlumpf* (______) den Mund. Ich *schlumpfe* (______) mir Sonne, *schlumpf* (______) ja nicht den Hebel!“ Beide Schlümpfe reißen an den Hebeln: In Blitzesschnelle wechseln Hagel, Schnee, Sturm und sengende Hitze einander ab. Auch auf dem Fest wird es recht ungemütlich, der Große Schlumpf befiehlt: „*Schlumpft* (______) jetzt sofort ins Dorf zurück und *schlumpft* (______), was da vor sich *schlumpft* (______)!“ Die Wettermaschine wird zerstört.

Und die Moral von der Geschicht’: „Man muss das Wetter nehmen, wie es ist!“

Teste dein Wissen!
Wortarten

1 In jedem Vers ist ein Wort fett hervorgehoben. Kreuze an, um welche Wortart es sich handelt. (8 Punkte) ☐

Oskar Stock
Der Regenschirm

		Nomen	Verb	Adjektiv	Präposition	Artikel	Pronomen
Erst neu gekauft, **in** Anthrazit,	**A**	☐	☐	☐	☐	☐	☐
nahm ich **ihn** zum Spaziergang mit,	**B**	☐	☐	☐	☐	☐	☐
aus gutem Tuch, mit **festem** Knauf	**C**	☐	☐	☐	☐	☐	☐
und einer **Spitze** obenauf.	**D**	☐	☐	☐	☐	☐	☐
So trug ich fest ihn in **der** Hand	**E**	☐	☐	☐	☐	☐	☐
und **schwenkte** ihn nach vorn galant,	**F**	☐	☐	☐	☐	☐	☐
ich spürte angenehm **sein** Holz	**G**	☐	☐	☐	☐	☐	☐
und war, so glaubt mir, **auf** ihn stolz.	**H**	☐	☐	☐	☐	☐	☐

2 Personalpronomen oder Possessivpronomen? Trage die unterstrichenen Wörter richtig ein. (4 Punkte) ☐

Da zogen plötzlich Wolken auf,
das Schicksal nahm nun seinen Lauf;
denn es gab ein Funktionsproblem,
was mir fürwahr nicht angenehm.

Es hilft kein Schütteln und kein Schlag,
wenn alle Technik jäh versagt;
so ließ er schmählich mich im Stich:
Wir wurden nass, mein Schirm und ich.

Personalpronomen: ______________________ Possessivpronomen: ______________________

3 Kreuze an, um welche Verbform es sich handelt. (2 Punkte) ☐

A einen Frosch im Hals haben — Imperativ Singular ☐ Infinitiv ☐ Imperativ Plural ☐

B Sei kein Frosch! — Imperativ Singular ☐ Infinitiv ☐ Imperativ Plural ☐

4 Bei den folgenden Satzpaaren wurde im zweiten Satz eine Veränderung vorgenommen. (2 Punkte) ☐
Finde heraus, ob diese Veränderung das Genus, den Numerus oder den Kasus betrifft.
Kreuze das entsprechende Kästchen an.

A Ein Blitz schlägt in die alte Eiche ein.
Ein Blitz schlägt in der alten Eiche ein. — Genus ☐ Numerus ☐ Kasus ☐

B Vor lauter Schreck verschluckt Antonia ein Bonbon.
Vor lauter Schreck verschluckt Antonia einen Bonbon. — Genus ☐ Numerus ☐ Kasus ☐

Vergleiche deine Ergebnisse mit dem Lösungsheft. Für jede richtige Antwort bekommst du einen Punkt.

☺ **16–14 Punkte**
Gut gemacht!

😐 **13–9 Punkte**
Gar nicht schlecht, aber lies dir die Merkkästen auf den Seiten 27 bis 34 noch einmal genau durch.

☹ **8–0 Punkte**
Arbeite die Seiten 25 bis 34 noch einmal genau durch.

Wortbildung

Zusammensetzungen

Merkwissen Zusammensetzungen

Zwei oder mehr selbstständige Wörter können zu einem neuen Wort zusammengesetzt werden. Dieses besteht aus einem **Bestimmungswort** und einem **Grundwort**.
Das Grundwort steht immer an letzter Stelle und bestimmt die Wortart des neuen Wortes. Es wird durch das Bestimmungswort näher beschrieben, z. B.: *die Ledertasche, die Schultasche, tonnenschwer, federleicht*.
Manchmal muss ein **Fugenelement**, z. B.: *-(e)s-*, *-(e)n-* oder *-er-*, zwischen Bestimmungs- und Grundwort eingefügt werden, z. B.: *der Tag + der Ausflug = der Tagesausflug, die Freude + der Tanz = der Freudentanz*.

1 Lies den Text und markiere die zusammengesetzten Nomen/Substantive und die zusammengesetzten Adjektive in zwei verschiedenen Farben.

Lieber Sven,
wir schicken dir viele Grüße aus dem wunderschönen Urlaubsland Portugal. Schade, dass du nicht dabei sein kannst! Wie geht es deinem Sprunggelenk? Darfst du inzwischen schon mit den grasgrünen Krücken laufen?
Gestern haben wir eine Bootsfahrt unternommen. Wir mussten knallgelbe Schwimmwesten anziehen, die wir dann aber zum Glück nicht brauchten. Beim Schnorcheln haben wir Fische in den tollsten Farben gesehen, von Smaragdgrün bis zu Kornblumenblau war alles dabei. Was die Natur alles auf Lager hat! Opa war in Hochform! Gegen Abend konnten wir dann auch noch beobachten, wie die glutrote Abendsonne im dunkelblauen Meer versank. Wir denken an dich und wünschen dir gute Besserung!
Alles Liebe von Oma und Opa

2 Trage die Zusammensetzungen in die 1. Spalte der Tabelle ein und ergänze die 2. und 3. Spalte.

zusammengesetztes Nomen/Substantiv	Bestimmungs- + Grundwort	Art der Zusammensetzung
das Urlaubsland	*der Urlaub + das Land*	*N/S + N/S*
das		
eine		
die		
die		
die		

zusammengesetztes Adjektiv	Bestimmungs- + Grundwort	Art der Zusammensetzung
wunderschön	*das Wunder + schön*	*N/S + A*

Ableitungen

Merkwissen Ableitungen

Ableitungen setzen sich aus einem **Wortstamm** mit einem **Suffix** (= Nachsilbe) und/oder einem **Präfix** (= Vorsilbe) zusammen.
An Suffixen wie *-heit, -keit, -ung, -schaft, -nis, -tum, -in* erkennt man **Nomen/Substantive**.
An Suffixen wie *-ig, -lich, -isch, -sam, -haft, -bar* erkennt man **Adjektive**.
Durch das Anfügen von Präfixen wie *un-, be-, ver-, miss-, er-, zer-, ent-* verändern Wörter ihre Bedeutung, z. B.: *wählen ⟶ **ver**wählen, die Ernte ⟶ die **Miss**ernte*.

1 Bilde aus folgenden Wörtern Nomen/Substantive, indem du Suffixe aus dem Merkkasten anfügst.

selten, verbunden, frei: *die Seltenheit, die Verbundenheit, die Freiheit*

leiten, kreuzen, drohen: ____________________

freundlich, dankbar, kostbar: ____________________

Freund, Meister, Mann: ____________________

hindern, erleben, erkennen: ____________________

reich, eigen: ____________________

Verkäufer, Lehrer, Sänger: ____________________

2 Ergänze die Wortgruppen. Verwende dazu Suffixe für Adjektive aus dem Merkkasten.

Das nörd______e Deutschland, ein stürm______er Wind, niedr______e Temperaturen,

ein frucht______es Land, eine müh______e Arbeit, sächs______e Mundart, französ______e Mode,

ein furcht______es Unglück, ess______e und gift______e Pilze, eine spar______e Hausfrau,

eine glaub______e Aussage

3 Formuliere das Gegenteil, indem du jeweils vor ein Wort ein passendes Präfix setzt.

Die Arbeit ist gelungen. ⟶ *Die Arbeit ist misslungen.*

Mir gefällt seine Haltung. ____________________

Ich achte ihn. ____________________

Er hat sauber geschrieben. ____________________

Er ist ein freundlicher Junge. ____________________

Er hat es uns geraten. ____________________

Teste dein Wissen!
Wortbildung

1 Im folgenden Text sind einige zusammengesetzte und auch abgeleitete Wörter unterstrichen. Schreibe sie in ihrer Grundform heraus und ergänze die unteren Tabellen. Verwende folgende Abkürzungen: N für Nomen, S für Substantiv, A für Adjektiv und V für Verb. (21 Punkte)

Ein wunderschöner Kurzurlaub

Zahlreiche Familien wollen sich an einem langen Wochenende erholen. Sie möchten ihre Freiheit genießen oder etwas erleben. Ein Reiterhof ist da genau richtig, um Eltern und Kindern ein traumhaftes Erlebnis zu verschaffen. Auf manchen Höfen werden auch Übernachtungen in gemütlichen Zimmern angeboten.
Wer sich traut, der kann bei einem Reitlehrer einen Schnupperkurs im Reiten belegen. Die meisten wollen allerdings nur die Pferde beobachten, z. B.: wie man sie an der Longe führt, wie sie bewegt und versorgt werden. Auf jedem Hof gibt es Lieblinge, so etwa ein schneeweißes Pony mit einem hellbraunen Fleck zwischen den Augen. Zu einem etwas störrischen Hengst hingegen schauen manche Kinder ängstlich hinüber. Aber in Wirklichkeit ist er ganz zahm, vor allem dann, wenn sein Fell liebevoll gestriegelt wird.

Zusammensetzungen (8 Punkte)

Nomen/Substantive	Adjektive
der Kurzurlaub: A + N/S	*wunderschön: N/S + A*

Ableitungen (13 Punkte)

Nomen/Substantive mit Suffixen	Adjektive mit Suffixen	Verben mit Präfixen
die Freiheit	*richtig*	*sich erholen*

Vergleiche deine Ergebnisse mit dem Lösungsheft. Für jede richtige Antwort bekommst du einen Punkt.

☺ 21–20 Punkte
Gut gemacht!

☺ 19–15 Punkte
Gar nicht schlecht, aber lies dir die Merkkästen auf den Seiten 36 und 37 noch einmal genau durch.

☹ 14–0 Punkte
Arbeite die Seiten 36 und 37 noch einmal genau durch.

Die Tempora (Zeitformen) der Verben

Das Präsens

Merkwissen Die Zeitform Präsens (die Gegenwartsform)

Verben kann man in verschiedenen Zeitformen (Tempora; Singular.: das Tempus) verwenden, z. B. im Präsens, im Präteritum, im Futur. Die Tempora der Verben sagen uns, wann etwas passiert, z. B. in der Gegenwart, in der Vergangenheit oder in der Zukunft.

1 Das **Präsens** wird verwendet, wenn etwas in der **Gegenwart** (in diesem Augenblick) geschieht, z. B.: *Er schaut gerade in den Himmel.*
2 Im Präsens stehen auch **Aussagen, die immer gelten**, z. B.: *Die Planeten umkreisen die Sonne.*
3 Man kann das Präsens auch verwenden, **um etwas Zukünftiges auszudrücken**. Meist verwendet man dann eine Zeitangabe, die auf die Zukunft verweist, z. B.: *Morgen gehe ich zur Sternwarte.*

Das Präsens wird gebildet durch den Stamm des Verbs + Personalendung, z. B.: *ich schau-e, du schau-st…*

1 a Einige der unterstrichenen Verben stehen im Präsens: Markiere sie gelb.
b Verbinde die Sterne in der Abbildung unten zu einem Sternbild: Folge dazu den Ziffern neben den Verben im Präsens jeweils von der kleineren zur höheren Zahl.

Wer hat die Sternbilder erfunden?

Vor ungefähr 5000 Jahren begannen 1 die Menschen an verschiedenen Orten der Erde mit der Beobachtung der Sterne. Wenn man nachts den Himmel betrachtet 2, verbinden 3 sich bestimmte Sterne vor dem eigenen Auge zu Mustern. Das sahen 4 schon damals Menschen in Südamerika, in Asien und in Nordafrika. Bestimmten Sternverbindungen gaben 5 sie Namen. Die ältesten Sternbilder, die wir heute noch verwenden 6, haben die Babylonier vor ungefähr 3500 Jahren festgelegt 7. Sie erfanden 8 zwölf Sternbilder, die sie den „Tierkreis“ nannten 9, obwohl nicht nur Tierbilder dazugehören 10. Es sind 11 die Sternzeichen wie Steinbock, Zwilling oder Wassermann, in die wir bis heute das Jahr einteilen 12. Du kennst 13 dein Sternzeichen sicher auch. Viele andere Sternbilder haben wir von den Griechen übernommen 14. Vor ungefähr 100 Jahren einigten 15 sich Gelehrte weltweit auf eine Liste von 88 gültigen Sternbildern.

2 Trage die Verben in der Zeitform Präsens ein.

nehmen müssen aufgehen sein

Im Osten ______ die Sonne ______,
im Süden ______ sie ihren Lauf,
im Westen ______ sie untergehen,
im Norden ______ sie nie zu sehen.

Das Futur

Merkwissen Die Zeitform Futur (die Zukunftsform)

- Das **Futur** wird verwendet, um ein zukünftiges Geschehen auszudrücken, z. B.:
  Die Menschen werden auf dem Mond leben.
- Das Futur besteht aus zwei Teilen. Es wird gebildet durch die Personalform von *werden* im Präsens + Infinitiv des Verbs, z. B.: *Ich werde leben, du wirst leben* …

Im Jahre 2340 lebt ein großer Teil der Menschheit schon seit Generationen auf dem Mond. Reisen zur alten Heimat der Menschen, zur Erde, stellen eine besondere Attraktion dar. Ein Erdreisender freut sich auf den Start und überlegt, was auf ihn zukommen wird.

1 a Prüfe für jeden Satz, ob die Zeitform Futur enthalten ist: ja oder nein? Folge dem Pfeil mit der richtigen Antwort.
b Markiere, wo das Futur vorhanden ist, die vollständige Zeitform.

Ob die Erde wirklich so schön ist?	Ja	**START** Seit einem Jahr freue ich mich auf diese Reise.	Nein	Ich werde zum ersten Mal die Erde betreten.	Nein	Vielleicht kann ich unsere Mondstadt von der Erde aus sehen?
Nein	Nein	Ja	Ja	Nein	Ja	
Meine Kinder werden mich jetzt drei Wochen nicht sehen.	Ja	Man zündet jetzt gerade die Rakete.	Ja	Ich habe meinem Sohn versprochen, dass ich einen Seestern mitbringen werde.	Ja	Wird der Himmel wirklich blau aussehen, wie es in den Büchern steht?
Ja	Ja		Ja	Ja	Nein	Ja
Die Menschen auf der Erde leben ohne Glaskuppeln unter freiem Himmel.	Nein	Auf der Erde gibt es riesige Weltmeere.	Nein	In einem der Ozeane werde ich baden.	Nein	**ZIEL** 

2 a Lies die folgenden Sprechblasen: Was erzählt der Erdreisende?
b Seine Tochter will nun auch zum Blauen Planeten reisen und all das anschauen, was der Vater gesehen hat. Formuliere ihre Pläne im Heft in der Zeitform Futur aus.

Beim Schnorcheln habe ich große Fischschwärme und sogar einen Rochen entdeckt.

Nachts hat der helle Schein unseres Mondes auf der Wasseroberfläche gefunkelt.

Im farbigen Licht des Sonnenuntergangs habe ich am Strand gesessen.

Ich bin in türkisblauem Wasser geschwommen und das Meer hat meterhohe Wellen geschlagen.

Wenn ich zur Erde reise, werde ich auch …

Das Perfekt

Merkwissen Die Zeitform Perfekt

Wenn man **mündlich** von etwas Vergangenem erzählt oder berichtet, verwendet man häufig das **Perfekt**, z. B.: *Ich habe schlecht geschlafen. Der Mond ist aufgegangen.*

- Das Perfekt ist eine **zusammengesetzte Vergangenheitsform**, weil es mit einer **Form von *haben* oder *sein* im Präsens** (z. B. *hast, sind*) **+ Partizip II** des Verbs (z. B. *gesehen, aufgebrochen*) gebildet wird.
- Das Partizip II beginnt meist mit *ge-*, z. B.: *fallen* ⟶ *gefallen; staunen* ⟶ *gestaunt.*
  Wenn das Verb schon eine Vorsilbe hat (*ge-*, *be-* oder *ver-*), bekommt das Partizip II keine mehr, z. B.: *gestehen* ⟶ *gestanden, beschützen* ⟶ *beschützt, verraten* ⟶ *verraten.*

1 Die Bilder zeigen ein Erlebnis von Johannes. Er erzählt es seinen Eltern, die ihn nachts im Gebüsch finden. Bringe Johannes' Erlebnisse in die richtige Reihenfolge, indem du sie nummerierst.

2 Schreibe das Erlebnis in wörtlicher Rede auf. Verwende die angebotenen Wörter und Wortgruppen und achte auf die richtige Zeitform. Schreibe in dein Heft. Beginne so:

Johannes erzählt: „Ich habe lange in meinem Bett wach gelegen, weil der Mond …

wach liegen | um Hilfe rufen | Mondkrater genau erkennen | Gleichgewicht verlieren | am Schlafanzug packen | versuchen zurückzuziehen | auf Fensterbrett klettern | erschrecken | aus Fenster schauen | ins Gebüsch fallen | aufstehen | besser sehen | Vollmond | Hund nicht bemerken | Fernglas holen

3 Erweitere den Satz so, dass die Prädikatsklammer (→ S. 46) möglichst viele Informationen umschließt.

Ich bin geklettert. Ich bin nachts geklettert.

Ich bin nachts ______________________________ geklettert.

Das Präteritum

Merkwissen Die Zeitform Präteritum

Das **Präteritum** ist eine einfache **Zeitform der Vergangenheit**. Diese Zeitform wird vor allem in schriftlichen Erzählungen und Berichten verwendet, z. B.: *Als es dunkel wurde, funkelten die Sterne am Himmel. Lea trat ins Freie und stellte ihr Teleskop auf.* Das Präteritum wird unterschiedlich gebildet. Man unterscheidet:
- **regelmäßige** (schwache) **Verben**: Bei den regelmäßigen Verben ändert sich der Vokal (*a, e, i, o, u*) im Verbstamm im Präteritum nicht, z. B.: *ich lande* (Präsens) ⟶ *ich landete* (Präteritum);
- **unregelmäßige** (starke) **Verben**: Bei den unregelmäßigen Verben ändert sich im Präteritum der Vokal im Verbstamm, z. B.: *ich fliege* (Präsens) ⟶ *ich flog* (Präteritum), *ich laufe* (Präsens) ⟶ *ich lief* (Präteritum).

1 Ergänze die fehlenden Verbformen.

Infinitiv	Präsens	Präteritum
reisen	*ich reise*	*ich reiste*
	du nimmst	*du nahmst*
aufgehen	*er/sie/es*	
	wir begreifen	
	ihr	*ihr beobachtetet*
	sie schweigen	

2 Setze für die Verben in den Kästen die Verbformen im Präteritum ein.

Die erste Mondlandung

Als erster Mensch ______ betreten am 20. Juli 1969 der amerikanische Astronaut Neil Armstrong den Mond und ______ sagen beim Betreten der Mondoberfläche den berühmten Satz: „Das ist ein kleiner Schritt für einen Menschen, aber ein großer für die Menschheit." Am 16. Juli 1969 ______ starten die Rakete der Mission „Apollo 11" von Cape Canaveral in Florida und ______ benötigen drei Tage, um die Mondumlaufbahn zu erreichen. Der Flug ______ verlaufen ohne Probleme. Die Astronauten ______ wechseln in eine kleinere Mondlandefähre, die den Namen „Eagle" (englisch für „Adler") ______ tragen . Am 20. Juli 1969 um 20:17:58 Uhr ______ melden Neil Armstrong per Funkspruch: „The Eagle has landed!"

Das Plusquamperfekt

Merkwissen Die Zeitform Plusquamperfekt

- Wenn etwas **vor** dem passiert, wovon im Präteritum oder im Perfekt erzählt wird, verwendet man das **Plusquamperfekt**. Das Plusquamperfekt wird deshalb auch **Vorvergangenheit** genannt, z. B.: *Nachdem sie das Gestein untersucht hatten, schätzten sie das Alter des Gebirges ein.*
  (zuerst geschehen) (danach geschehen)
- Das Plusquamperfekt ist wie das Perfekt (→ S. 41) eine **zusammengesetzte Vergangenheitsform**, weil es mit **einer Form von *haben* oder *sein* im Präteritum** (z. B. *hatte, war*) + **Partizip II** des Verbs (z. B. *gesehen, erloschen*) gebildet wird.

Tipp: Die Konjunktion *nachdem* leitet oft einen Satz im Plusquamperfekt ein.

1 Schreibe den folgenden Text in dein Heft ab: Setze jedes Verb in der richtigen Zeitform ein.

Nachdem ein winziger Punkt im Nirgendwo *begonnen hatte* beginnen , sich plötzlich auszudehnen, entstehen das Universum. Bevor dann aber die ersten Sterne als verdichtete Gase leuchten , das Universum wie eine heiße Suppe vor sich hin kochen . Nachdem diese ersten Sterne ausbrennen , schleudern sie kleinere Teile ins Weltall. Aus diesen Sternresten bilden sich stabilere Sterne. So entstehen auch unsere Sonne.

2 Stell dir vor, ein Mensch im Jahr 2500 schreibt über die Entwicklung der Welt nach 2000.

a Welche zwei der folgenden Sätze gehören jeweils zusammen?
Gib ihnen denselben Buchstaben.

b Was war zuerst, was schließt an?
Verbinde die beiden Sätze jeweils so, dass die zeitliche Reihenfolge deutlich wird.
Schreibe sie ins Heft und verwende die Konjunktion nachdem für den Satz, der aussagt, was zuerst geschah.

- [ ] Die Menschen ließen sich von Navigationssystemen leiten.
- [A] Es gab die Möglichkeit, mit Menschen auf der ganzen Welt schnell in Kontakt zu treten.
- [ ] Viele Tierarten waren bereits ausgestorben.
- [ ] Es wurden ausreichend Satelliten ins All geschickt.
- [A] Weltweit wurde das Internet eingeführt.
- [ ] Kirchen wurden teilweise in Kletterhallen umfunktioniert.
- [ ] Es wurden Regelungen zum Artenschutz entwickelt.
- [ ] Viele Europäer traten aus der Kirche aus.

A Nachdem das Internet weltweit eingeführt worden war, gab es die Möglichkeit, mit Menschen auf der ganzen Welt schnell in Kontakt zu treten.

Teste dein Wissen!
Die Tempora (Zeitformen) der Verben

1 Im folgenden Text sind einige Verbformen fett gedruckt.
Bestimme das Tempus und trage es ein. (11 Punkte)

Mars – der rote Planet

Lange Zeit **nahmen** die Menschen **an** ______________, dass auf dem Mars hochentwickelte Bewohner **existieren** ______________. Noch bis vor Kurzem **glaubte** ______________ man, auf seiner Oberfläche eine riesige Skulptur, das „Marsgesicht", zu erkennen. Seit 2001 **wissen** ______________ wir durch Aufnahmen der Marssonde „Mars Global Surveyor", dass nur ein Berg die Fantasien **beflügelt hat** ______________. Die Erforschung unseres Nachbarplaneten **hat** interessante Einzelheiten **erbracht** ______________: Auch auf dem Mars **gibt** ______________ es Jahreszeiten. Das **wussten** ______________ Astronomen bereits, weil sie dort vereiste Polkappen **beobachtet hatten** ______________, die im Mars-Sommer fast **wegtauen** ______________. Der rote Planet ist in Wahrheit ein „rostiger Planet", denn ihn **bedeckt** ______________ rötlicher Eisenoxid-Staub.

2 Der abgedruckte Witz enthält vier falsche Tempusformen.
Streiche sie durch und schreibe die richtige Form über die Zeile. (8 Punkte)

VORSICHT, FEHLER!

Drei Astronauten, ein Russe, ein Amerikaner und ein Deutscher, streiten, welches die größte Weltraumnation sei. Der Russe gibt an: „Wir sind die Besten! Wir seiten die Ersten im Weltall überhaupt!" Der Amerikaner entgegnet: „Nein! Wir sind die Besten. Wir waren die Ersten, die Menschen zum Mond bringten!" Der Deutsche widerspricht: „Nein, meine Herren! Wir werden die Besten sein. Wir sind die Ersten gewesen, die zur Sonne fliegen!" Die anderen: „Aber …, aber das geht nicht! Die Sonne ist zu heiß!" Der Deutsche: „Das hatten wir berücksichtigt. Wir werden nachts fliegen …"

Vergleiche deine Ergebnisse mit dem Lösungsheft. Für jede richtige Antwort bekommst du einen Punkt.

☺ **19–15 Punkte**
Gut gemacht!

😐 **14–10 Punkte**
Gar nicht schlecht, aber lies dir die Merkkästen auf den Seiten 39 bis 43 noch einmal genau durch.

☹ **9–0 Punkte**
Arbeite die Seiten 39 bis 43 noch einmal genau durch.

Satzglieder

Satzglieder Die Umstellprobe

Merkwissen Satzglieder

- **Ein Satz besteht aus verschiedenen Satzgliedern.** Diese Satzglieder können aus einem einzelnen Wort oder aus mehreren Wörtern (einer Wortgruppe) bestehen.
- Mit der **Umstellprobe** kannst du feststellen, wie viele Satzglieder ein Satz hat. Wörter und Wortgruppen, die beim Umstellen immer zusammenbleiben, bilden ein Satzglied, z. B.:

Jeder Satz *hat* *verschiedene Satzglieder.*

Verschiedene Satzglieder *hat* *jeder Satz.*

1 Der Computer hat in den folgenden Sätzen die Wörter einfach nach ihrer Länge sortiert.

a Ordne die Wörter so, dass ein sinnvoller Aussagesatz entsteht.

b Finde mehrere Möglichkeiten, wie man den Satz umstellen kann, ohne dass er seinen Sinn verändert. Schreibe sie auf.
Tipp: Bilde keinen Fragesatz.

c Markiere die einzelnen Satzglieder mit unterschiedlichen Farben.

1. Satz: zu Fest viele reisen einem Kinder internationalen

2. Satz: sie von ihren Schätzen erzählen begeistert

1. Satz: ______________________________

____

____

______________________________.

2. Satz: ______________________________

____

____

____

2 a Welche Satzglieder dürfen in den Sätzen auf keinen Fall fehlen?
Schreibe sie auf, nachdem du die Weglassprobe (→ S. 52) durchgeführt hast.

1. Satz: *viele Kinder,* ______________________________.

2. Satz: ______________________________.

b Bestimme diese Satzglieder. Notiere.

______________________________.

Satzglieder bestimmen Das Prädikat

Merkwissen Satzglieder: Das Prädikat (Plural: die Prädikate)

Das Prädikat bildet zusammen mit dem Subjekt den **Satzkern**. Prädikate werden durch finite (gebeugte) **Verben** gebildet.
In einem Aussagesatz steht die **finite Verbform** (Personalform des Verbs) **immer an zweiter Satzgliedstelle**, z. B.: *Elefanten vertilgen täglich bis zu 400 Kilogramm Pflanzennahrung.*
Fast zwei Jahre dauert eine Elefantenschwangerschaft.

1 Für Aziza aus Kenia steht fest, dass der wunderbarste Schatz ihrer Heimat die Elefanten sind.
a Umrahme in den folgenden Sätzen die Satzglieder.
b Markiere die Prädikate rot.

Elefanten atmen durch den Rüssel. Zum Trinken saugen sie Wasser in den Rüssel. Dann spritzen die Tiere das Wasser in ihr Maul. Kein Elefant trinkt durch seinen Rüssel. Das auffällige Körperteil dient auch zum Riechen und Tasten. Nun weißt du einiges über die besondere Elefantennase.

Tipp Ein Prädikat kann aus mehreren Teilen bestehen.
Mehrteilige Prädikate bilden eine **Prädikatsklammer**, z. B.:

- bei mehrteiligen Verben, z. B.: *abgeben* ⟶ *Über die Ohren geben Elefanten Wärme ab.*
- bei zusammengesetzten Zeitformen, z. B. beim Perfekt: *Bisher hat der Afrikanische Elefant überlebt.*

2 Aziza hat Stichwörter für einen Vortrag notiert.
a Formuliere aus den folgenden Notizen einen zusammenhängenden Text und vervollständige dazu die Sätze. Schreibe den Text in dein Heft.
b Unterstreiche in deinem Text das Prädikat rot. Mache Prädikatsklammern mit einer Klammer deutlich.

Afrikanischer Elefant

- *kein größeres lebendes Landsäugetier als Afrikanischer Elefant bekannt*
- *durch Wilderei und Zerstörung des Lebensraumes aus großen Teilen Afrikas verschwunden*
- *vor 30 Jahren das Aussterben der Art für 2010 vorhergesagt*
- *dank Einrichtung von Nationalparks Elefantenbestand erfreulich zugenommen*
- *in der Nähe von Nairobi sogar Elefanten-Waisenhaus vorhanden*
- *Elefantenkälber dort auf das Leben in der Wildnis vorbereitet*

Satzglieder erfragen Das Subjekt

Merkwissen Satzglieder: Das Subjekt (Plural: die Subjekte)

Das Satzglied, das in einem Satz angibt, wer oder was etwas tut, veranlasst oder handelt, heißt **Subjekt**, z. B.:
Auf einem internationalen Fest erzählen Kinder von heimatlichen Schätzen.
- Du kannst das **Subjekt** mit der **Frage Wer ...?** oder **Was ...?** ermitteln, z. B.:
  Kinder erzählen von den Schätzen ihrer Heimat. ⟶ Wer oder was erzählt von Schätzen? ⟶ Kinder
- Das Subjekt eines Satzes kann aus einem oder aus mehreren Wörtern bestehen, z. B.:
  Das Fest lockt eine Menge Gäste an. ⟶ Wer oder was lockt eine Menge Gäste an? ⟶ das Fest
- Das **Subjekt** eines Satzes **steht immer im Nominativ** (1. Fall, →S. 28).
- Subjekt und Prädikat sind eng miteinander verbunden. Sie stimmen in Person und Numerus überein.

Frageprobe: Um die Satzglieder in einem Satz zu bestimmen, stellst du Fragen mithilfe des Prädikats.

1 Die Subjekte in diesen Sätzen passen nicht.
Ordne sie richtig zu: Frage nach dem Subjekt und schreibe die richtige Antwort in Stichwörtern auf.

Felsbecken mit Wasser erzählen den Kindern vom heiligen Berg Uluru.

Wer oder was erzählt den Kindern vom heiligen Berg Uluru? ? *Julia und John aus Australien*

Um den Uluru ranken sich Touristen.

_______________ ? _______________

In diesen Geschichten werden die Ureinwohner erklärt.

_______________ ? _______________

Zu den heiligen Plätzen am Uluru zählen Julia und John aus Australien. ✓

_______________ ? _______________

Viele Geschichten dürfen die heiligen Orte nicht sehen.

_______________ ? _______________

Aussehen und Entstehung des Berges erlauben den Besuchern den Aufstieg zum Gipfel.

_______________ ? _______________

2 Unterstreiche in diesen Sätzen das Subjekt grün und das Prädikat rot.
Bestimme und notiere Person und Numerus: Prüfe, ob sie übereinstimmen.

Felsenzeichnungen in den Höhlen des Uluru zeigen Riesenkängurus. _______________

Im Laufe von Jahrtausenden verblasste die Farbe. _______________

Heute bewahren wir die Bilder mithilfe von Computertechnik auf. _______________

Satzglieder erfragen Akkusativ- und Dativ-Objekte

Merkwissen Satzglieder: Die Objekte

Ein Satz (z. B.: *Die Kinder fischen.*) kann durch weitere Satzglieder, z. B. durch **Objekte**, erweitert werden.
- **Akkusativ-Objekt** heißt das Objekt, das im Akkusativ steht. Du ermittelst es mit der **Frage: Wen…?** oder **Was …?**, z. B.: *Die Kinder fischen einen Karpfen. ⟶ Wen oder was fischen die Kinder? ⟶ einen Karpfen*
- **Dativ-Objekt** heißt das Objekt, das im Dativ steht. Du ermittelst es mit der **Frage: Wem…?**, z. B.: *Die Kinder fischen dem Lehrer einen Karpfen. ⟶ Wem fischen die Kinder einen Karpfen? ⟶ dem Lehrer*

Objekte können aus einem oder aus mehreren Wörtern bestehen.

1 a Schreibe die Sätze in dein Heft und erfrage für jeden Satz das Dativ-Objekt und das Akkusativ-Objekt.
b Unterstreiche in den Sätzen das Dativ-Objekt blau und das Akkusativ-Objekt gelb.

Guo Shuang erzählt den anderen Kindern eine spannende Geschichte.

Wem erzählt Guo Shuang etwas? ______________________

____

In China baute ein Lehrer den Fischerkindern am Hongze-See ein Schulschiff.

____

____

2 Die eingerahmten Wörter müssen einmal als Dativ-Objekt und einmal als Akkusativ-Objekt eingesetzt werden. Kennzeichne den Pfeil jeweils durch D für Dativ-Objekt oder A für Akkusativ-Objekt.
Beachte, dass sich die Artikel und die Endungen der Nomen nach dem Kasus richten.

die Familien
- [D] → Ein Lehrer baut *den Familien* ______ aus einem alten Schiff eine Schule.
- [ ] → Er lädt ______ in die neue Schule ein.

die Schüler
- [ ] → Fischerboote bringen ______ zum Schulschiff.
- [ ] → Ein Koch liefert ______ mit seinem Ruderboot das Mittagessen.

die Kinder
- [ ] → Das leichte Schaukeln gefällt ______.
- [ ] → Beim Schreiben stört es ______ allerdings ein bisschen.

der Lehrer
- [ ] → Die Schüler sind ______ dankbar für ihr Schulschiff.
- [ ] → Aber sie fürchten ______ auch, weil er sehr streng ist.

Genaue Angaben machen Adverbiale Bestimmungen

Merkwissen Satzglieder: Adverbiale Bestimmungen

- Adverbiale Bestimmungen (Umstandsbestimmungen) sind Satzglieder, die man mit den Fragen **Wann ...? Wo ...? Warum ...?** oder **Wie ...?** ermittelt.
- Sie liefern **zusätzliche Informationen** über die Zeit, den Ort, den Grund oder die Art und Weise.
- Adverbiale Bestimmungen können aus einem oder aus mehreren Wörtern bestehen.

Frageprobe	Satzglied	Beispiel
Wann? Wie lange? Seit wann?	**adverbiale Bestimmung der Zeit**	*Wann erzählt Esta von den Schätzen ihres Landes? Esta erzählt während eines internationalen Treffens von den Schätzen ihres Landes.*
Wo? Wohin? Woher?	**adverbiale Bestimmung des Ortes**	*Wo liegt Kenia? Kenia liegt im Osten Afrikas.*
Warum? Weshalb?	**adverbiale Bestimmung des Grundes**	*Warum erzählt Esta von den Tieren ihres Landes? Wegen ihrer Begeisterung erzählt sie von ihnen.*
Wie? Womit? Auf welche Weise?	**adverbiale Bestimmung der Art und Weise**	*Wie erfahren die Kinder von den Tieren Kenias? Durch Estas Erzählung erfahren sie von den Tieren.*

1 Bestimme die unterstrichenen adverbialen Bestimmungen:
Wende die Frageprobe an und trage die Nummern passend in die Tabelle ein.

Esta kommt aus Kenia 1 . Sie erzählt: „Für mich sind die Tiere der größte Schatz in meinem Land. All die Tiere, die in den meisten Ländern nur im Zoo 2 zu sehen sind, leben bei uns frei in der Wildnis. Besonders beeindruckend finde ich die Elefanten. Mein Vater ist Pfleger in einem Waisenhaus für Elefanten-Babys, die ihre Mutter aus verschiedensten Gründen 3 verloren haben. Die kleinen Elefanten leben hier gut behütet 4 , bekommen Milchbrei und wollen spielen wie kleine Kinder 5 . In der Nacht 6 brauchen sie besonders viel Körperkontakt. Deshalb schläft bei jedem Elefantenjungen ein Pfleger. Nach einiger Zeit 7 werden die Elefanten wieder zurück in die Savanne 8 gebracht. Als Jugendliche können sie wieder mit den anderen wilden Elefanten leben. Ihre Pfleger erkennen sie aber aufgrund ihres guten Gedächtnisses 9 auch in der Savanne noch wieder."

Adverbiale Bestimmung	Frageprobe
adverbiale Bestimmung der Zeit	
adverbiale Bestimmung des Ortes	1 Woher kommt Esta?
adverbiale Bestimmung des Grundes	
adverbiale Bestimmung der Art und Weise	

●●●2 Bestimme die nummerierten adverbialen Bestimmungen im nachfolgenden Text. Wähle die richtige Farbe aus und male den linken Flügel entsprechend aus. Gestalte den rechten Flügel spiegelverkehrt.

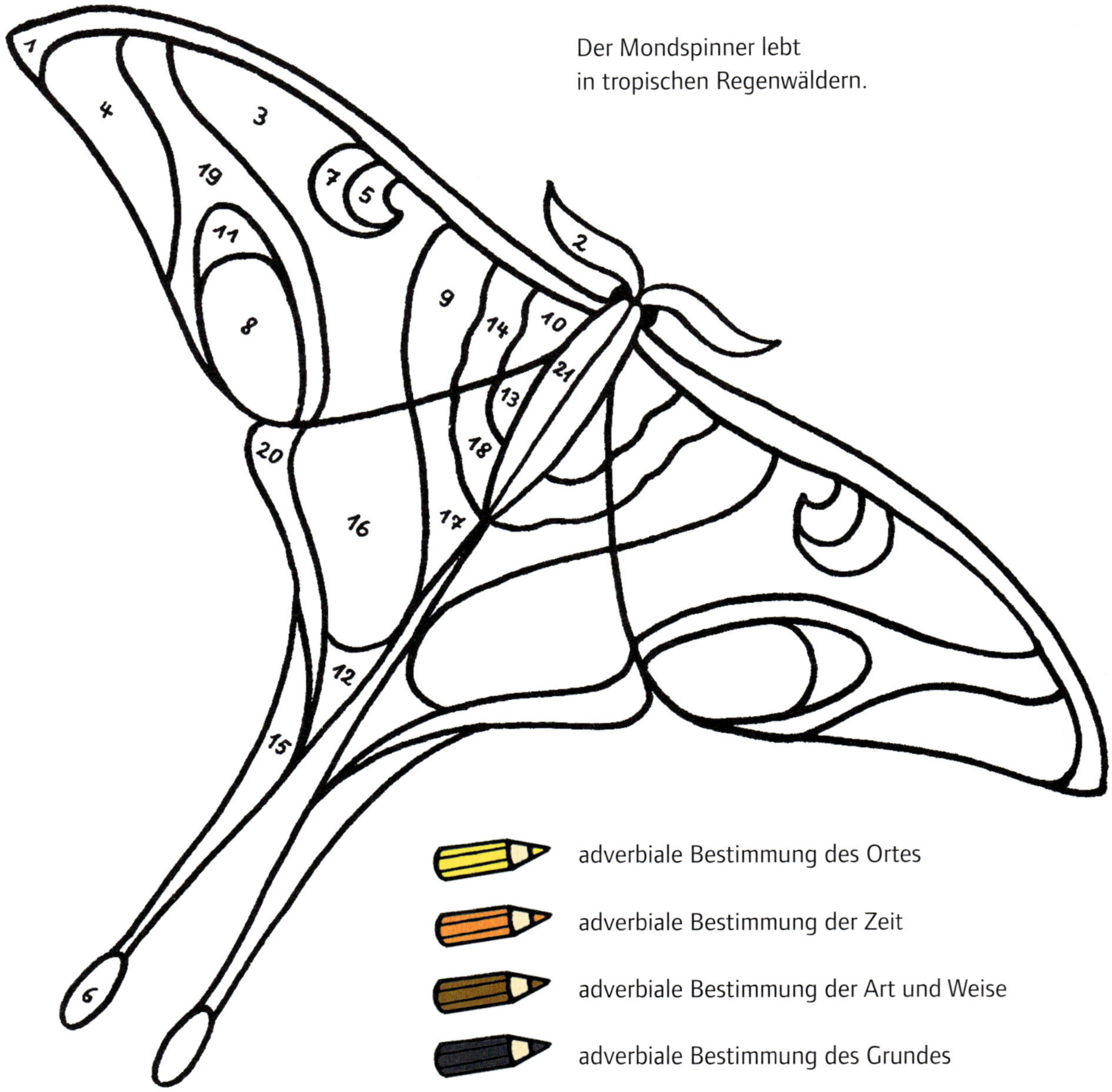

Der Mondspinner lebt in tropischen Regenwäldern.

- adverbiale Bestimmung des Ortes
- adverbiale Bestimmung der Zeit
- adverbiale Bestimmung der Art und Weise
- adverbiale Bestimmung des Grundes

Mit klopfendem Herzen (1) steht Susilo **vor den vielen Kindern aus aller Welt** (2). Susilos Familie lebt **auf der Insel Sumatra** (3). Die überwältigenden Regenwälder Sumatras sind **in der ganzen Welt** (4) berühmt.

Susilo berichtet: „**Wegen seines Reichtums an Tieren und Pflanzen** (5) ist der Regenwald eine Schatztruhe der Natur. **In den Wäldern Sumatras** (6) könnt ihr den Nashornvogel, Schabrackentapire, Tiger und Orang-Utans entdecken. **Mit Glück** (7) sichtet ihr außergewöhnliche Schmetterlinge wie den Mondspinner oder die Pflanze mit dem größten Blütenstand der Welt, den Titanenwurz.

In einem unberührten Regenwald (8) stehen Bäume und Pflanzen **so dicht** (9), dass kaum Licht **bis auf den Boden** (10) kommt. **Aufgrund der dichten Baumkronen** (11) sieht der Wald von oben aus wie ein riesiges grünes Meer. **Das ganze Jahr über** (12) tragen die Laubbäume ihre Blätter. **In diesem Baumkronendach** (13) halten sich die Orang-Utans, meine Lieblingstiere, **die meiste Zeit** (14) auf. **Wegen ihrer langen Arme** (15) können sie sich **auf dem Boden** (16) **nur unbeholfen** (17) fortbewegen. **Jetzt** (18) versteht ihr, warum diese „Waldmenschen“ **besonders stark** (19) auf einen Regenwald mit dichtem Baumbestand angewiesen sind. Deshalb müssen wir uns **mit aller Kraft** (20) für den Erhalt des Regenwaldes einsetzen!“

Am Ende von Susilos Vortrag (21) reagieren die Kinder mit großem Applaus.

Nomen/Substantive näher bestimmen Das Attribut

Merkwissen Das Attribut

Attribute (Beifügungen) bestimmen Nomen/Substantive näher. Sie können vor dem Nomen/Substantiv stehen (*ein goldener* ***Ring***) oder hinter ihm (*ein* ***Ring*** *mit einer Perle*).
Attribute erfragt man mit *Welche (-r, -s)?* oder *Was für ein(-e)?*.
Welcher ***Ring****?* *ein goldener* ***Ring*** *Was für ein* ***Ring****?* *ein* ***Ring*** *mit einer Perle*
Attribute gehören zu ihrem Nomen/Substantiv, das sie näher bestimmen. Sie sind Teil dieses Satzgliedes und können deshalb nicht allein umgestellt werden, z. B.:

Ich	*besitze*	*einen goldenen* ***Ring*** *mit einer Perle*	.
Subjekt	Prädikat	Akkusativ-Objekt	

Einen goldenen ***Ring*** *mit einer Perle*	*besitze*	*ich*	.
Akkusativ-Objekt	Prädikat	Subjekt	

1 Persönliche Schätze können kleine Geschenke sein, aber auch Fund-, Sammler- oder Erinnerungsstücke wie eine Münze, eine Kette, ein Büchlein, ein Bild, Steine, Muscheln, ein Glas …

a Bestimme die oben genannten Nomen/Substantive genauer, indem du ihnen jeweils ein vorangestelltes und ein nachgestelltes Attribut beifügst. Die hier angegebenen Wörter und Wortgruppen helfen dir dabei.

b Markiere die Nomen/Substantive und unterstreiche ihre dazugehörigen Attribute, z. B.:

alt klein golden mit Gedichten meiner Uroma aus Kristall
glatt rot bunt mit Anhänger vom Strand des Meeres

eine silberne Münze mit einem Wappen, …

c Stelle zwei von deinen persönlichen Schätzen vor. Verwende dabei treffende Attribute, damit sich die Leser/Zuhörer deine Schätze gut vorstellen können.

2 a Erfrage im unteren Satz die Attribute und markiere sie mit ihrem Bezugswort.

Vater schenkte seinem ältesten Sohn einige wertvolle Briefmarken seiner Sammlung.

b Mach die Umstellprobe und achte darauf, dass die Attribute bei ihrem Bezugswort bleiben. Schreibe in dein Heft.

Texte überarbeiten mithilfe von Proben

Merkwissen Texte überarbeiten

Um einen Text so zu überarbeiten, dass er besser zu verstehen ist, sind diese vier Proben hilfreich:

1 Umstellprobe: Satzanfänge abwechslungsreich gestalten
Durch die Umstellprobe kannst du deine Texte abwechslungsreicher gestalten.
Stelle z. B. die Satzglieder so um, dass die Satzanfänge nicht immer gleich sind, z. B.:
Sie müssen ihre Vorträge überarbeiten. Sie treffen sich dafür am Ende noch einmal. ⟶
Sie müssen ihre Vorträge überarbeiten. Dafür treffen sie sich am Ende noch einmal.

2 Ersatzprobe: Wortwiederholungen vermeiden
Mit der Ersatzprobe kannst du Satzglieder, die sich häufig wiederholen, durch andere Wörter ersetzen, z. B.:
Die Erzählungen der Kinder sollen in einem Buch zusammengefasst werden. So können auch andere Kinder ~~von den Erzählungen der Kinder~~ (davon) erfahren. ~~Die Erzählungen der Kinder~~ (Sie) interessieren viele.

3 Weglassprobe: Texte straffen, Wiederholungen vermeiden
Mit der Weglassprobe kannst du prüfen, welche Wörter gestrichen werden sollten, weil sie überflüssig sind oder umständlich klingen, z. B.:
Alle Kinder ~~zusammen~~ sprachen ~~gemeinsam~~ über ihre Länder.

4 Erweiterungsprobe: Genau und anschaulich schreiben
Mit der Erweiterungsprobe kannst du prüfen, ob eine Aussage genau genug oder anschaulich genug ist oder ob du noch etwas ergänzen solltest, z. B.:
Juanita aus Brasilien will ihren Bericht überarbeiten. ⟶ *Juanita aus Brasilien will ihren Bericht mit dem Rechtschreibprogramm überarbeiten.*

1 Überarbeite Juanitas Bericht, indem du die Ersatzprobe oder die Weglassprobe anwendest:
a Markiere im Text Wiederholungen.
b Entscheide, ob du die Wiederholung einfach weglassen kannst: Streiche sie dann durch.
c Schreibe den verbesserten Text in dein Heft: Ersetze dabei markierte Wörter, die du nicht durchgestrichen hast, durch andere Wörter.

VORSICHT, FEHLER!

Gummi – ein Schatz Brasiliens

In Brasilien gibt es viele Schätze. ~~In Brasilien~~ (Dort) gibt es auch den Kautschukbaum. Ohne den Kautschukbaum gäbe es keine Autoreifen. Kautschuk ist ein anderes Wort für Gummi. Es kommt aus dem Indianischen und bedeutet übersetzt „Baumtränen". Die Kautschukbauern ritzen mit einem Messer die Rinde an und fangen die weiße Flüssigkeit mit einem Schälchen auf. Damit aus der weißen Flüssigkeit das Gummi herauskommt, muss man ein wenig Säure in die weiße Flüssigkeit geben. Dadurch gerinnt die Flüssigkeit und das Gummi kann in Brocken herausgenommen werden. Die Brocken werden dann zu dünnen Lappen ausgewalzt oder zu dicken Blöcken gepresst. Die Lappen werden getrocknet und die Blöcke werden getrocknet. So ist der Kautschuk zwar schon dehnbar und stabil, er ist aber noch nicht sehr haltbar. Deshalb wird der Kautschuk vulkanisiert, das heißt, der Kautschuk wird mit Schwefel erhitzt. Obwohl es heutzutage viele künstliche Materialien gibt, die auch dehnbar und doch stabil sind, wird das Gummi aus den Bäumen immer noch gebraucht.

2 In vielen Texten wird das Wort *dann* zu oft wiederholt.
Sammle möglichst viele Varianten, mit denen man es ersetzen kann.

anschließend,

3 Überarbeite die Sätze mithilfe der Umstellprobe, sodass der eintönige Satzbau abwechslungsreicher wird.

Grit lebt seit drei Jahren in Magdeburg.

Sie kommt auf ihrem Schulweg täglich am Magdeburger Dom vorbei.

Grit weiß inzwischen viele interessante Einzelheiten über den Dom.

4 Der folgende Text über den Magdeburger Dom ist leider nicht sehr informativ.
Überarbeite den Text mithilfe der Erweiterungsprobe.
Nutze die Angabe aus dem Cluster, um die Informationslücken des Textes zu schließen.
Schreibe die verbesserte Fassung in dein Heft.

Der Dom

Wenn du einmal den Magdeburger Dom besuchst, solltest du unbedingt in den Kreuzgang (wo?) gehen. Er ist besonders sehenswert (warum?). Dort befinden sich die Reste des 937 gegründeten Moritzklosters, das einem Brand zum Opfer fiel (wann?).
Der Legende nach konnte der Dom wieder aufgebaut werden (wie?). Schäfer Koppehele soll einen Goldschatz gefunden haben (bei welcher Gelegenheit?). Diesen habe er gestiftet (wozu?). Der Erzbischof ließ das steinerne Bild des Schäfers an der so genannten Paradiespforte anbringen (warum?).

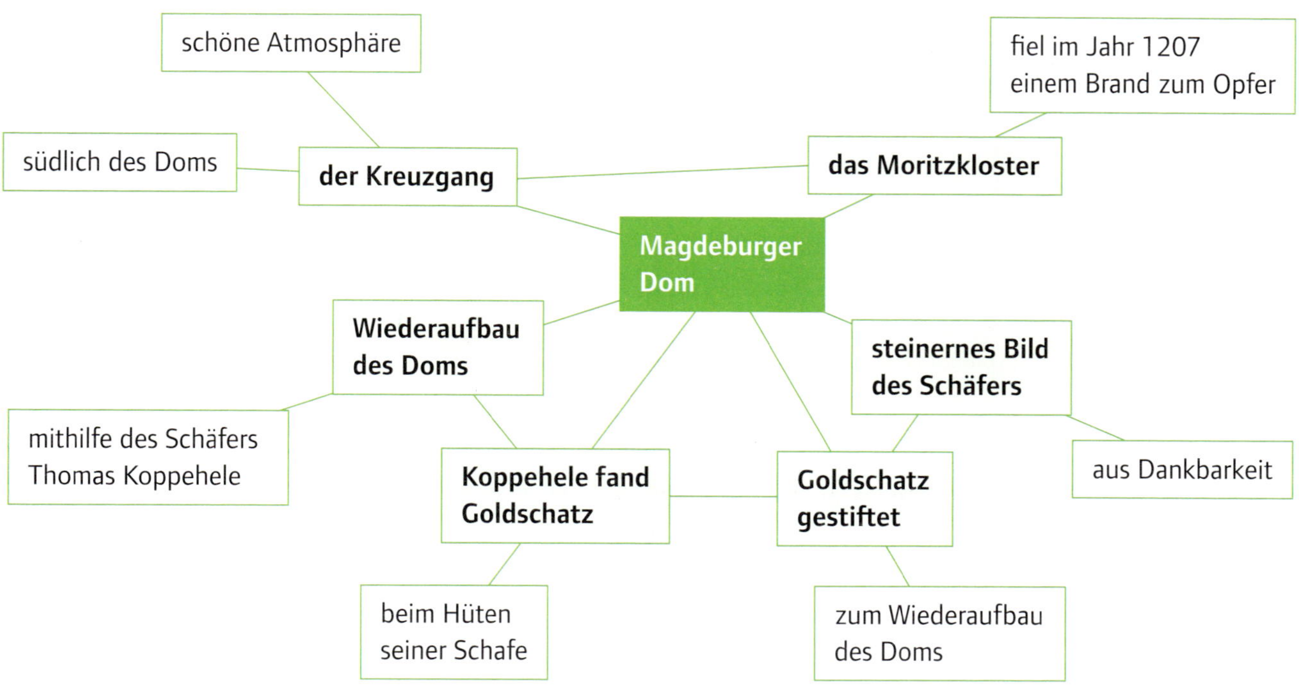

Teste dein Wissen!
Satzglieder

1 Schreibe in die mittlere Spalte, welches Satzglied im Satz links unterstrichen ist, und gib die entsprechenden Fragewörter an. Unterstreiche dann im Satz rechts dasselbe Satzglied. (17 Punkte)

	Frageprobe	
Auch Oscar nennt einen Schatz seines Landes.	Subjekt Frage: ______	In Costa Rica ernten die Bauern diese Köstlichkeit.
Wegen der großen Hitze machen sich die Bauern frühmorgens auf den Weg zu den Plantagen.	______ Frage: ______	Die Früchte gären aufgrund der tropischen Hitze in der Sonne.
Nur die kleinen Bohnen werden gebraucht.	______ Frage: ______	Die Bauern verpacken die getrockneten Bohnen in Säcke.
Ungefähr 250 000 Tonnen dieser Bohnen werden nach Deutschland verschickt.	______ Frage: ______	Erst in der Rösterei entwickelt der Schatz seinen typischen Geschmack.
Den meisten Menschen schmeckt die gemahlene Bohne am besten mit Milch und Zucker vermengt.	______ Frage: ______	Zu einer bestimmten Jahreszeit wird die Köstlichkeit als Hase verkauft.
Oscar spricht von einem echten Schatz!	______ Frage: ______	Die Kakaobohne ist einer der Schätze Costa Ricas.

2 Richtig oder falsch? Kreuze an. (6 Punkte)

	richtig	falsch
A Jeder Satz braucht ein Dativ-Objekt.	☐	☐
B Das Subjekt steht immer an erster Stelle im Satz.	☐	☐
C Die Teile des Prädikats können im Satz getrennt sein.	☐	☐
D Das Akkusativ-Objekt steht immer im Akkusativ.	☐	☐
E Das Prädikat gibt an, wer etwas tut.	☐	☐
F Nach der adverbialen Bestimmung des Grundes fragt man mit „Warum …?“, „Weshalb …?“.	☐	☐

Vergleiche deine Ergebnisse mit dem Lösungsheft. Für jede richtige Antwort bekommst du einen Punkt.

☺ **23–20 Punkte**
Gut gemacht!

☺ **19–12 Punkte**
Gar nicht schlecht, aber lies dir die Merkkästen auf den Seiten 45 bis 52 noch einmal genau durch.

☹ **11–0 Punkte**
Arbeite die Seiten 45 bis 53 noch einmal genau durch.

Satzarten unterscheiden

Die Satzreihe/Satzverbindung   Hauptsätze verknüpfen

Merkwissen Die Satzreihe/Satzverbindung: Hauptsatz + Hauptsatz

- Ein **Hauptsatz** ist ein selbstständiger Satz. Er enthält mindestens zwei Satzglieder, nämlich Subjekt und Prädikat, z. B.: *Ernährungswissenschaftler forschen.*
- Die **finite Verbform** (Personalform des Verbs) steht im Hauptsatz an **zweiter Satzgliedstelle**, z. B.: *Ernährungswissenschaftler erforschen das Essverhalten.*
- Ein **Satz**, der **aus zwei oder mehr Hauptsätzen** besteht, wird **Satzreihe/Satzverbindung** genannt. Die einzelnen Hauptsätze einer Satzreihe/Satzverbindung werden durch ein **Komma** voneinander getrennt, z. B.:

Ernährungswissenschaftler haben viele Aufgaben , *sie beschäftigen sich auch mit Lebensmitteln* .

Hauptsatz   Komma   Hauptsatz

- Häufig werden Hauptsätze durch die **nebenordnenden Konjunktionen** (Bindewörter) *und, oder, aber, sondern, denn, doch* verbunden. Nur vor *und* bzw. *oder* darf das Komma entfallen, z. B.:

Ernährungswissenschaftler führen Umfragen durch (,) *und daraus ziehen sie Schlüsse* .

Hauptsatz   (Komma) Konjunktion   Hauptsatz

Leerer Magen studiert nicht gern

1 Verbinde jeweils zwei Hauptsätze zu einer inhaltlich sinnvollen Satzreihe.
Verwende passende nebenordnende Konjunktionen und schreibe ins Heft.

Ein schlauer Kopf benötigt auch ein gutes Frühstück.

Sie sind auch weniger nervös und reizbar.

Kein Kind sollte mit leerem Magen zur Schule gehen.

Mit leerem Magen kann keiner gut lernen.

Mit einem Frühstück sind Kinder im Schulalltag konzentrierter.

Einer Umfrage des Issgut-Instituts zufolge geht jedes siebte Kind ohne Frühstück aus dem Haus.

2 Füge passende Konjunktionen ein und setze Kommas.

VORSICHT, FEHLER!

Es gibt viele Gründe für ein fehlendes Frühstück ________ am häufigsten werden Appetitlosigkeit und Zeitmangel genannt. Man kann niemanden zum Essen zwingen ________ jeder sollte sich wohl zu einem Glas Milch oder Fruchtsaft bewegen lassen. In den Schulpausen essen manche vor lauter Heißhunger Schokoriegel ________ diese Süßigkeiten sind schnell verfügbar ________ man hat schon bald erneut Hunger.

3 Schreibe in dein Heft, was du morgens und in den Pausen frühstückst.
Erkläre, warum du welche Nahrungsmittel bevorzugst.
Formuliere nur Satzreihen mit mindestens zwei Hauptsätzen.

Das Satzgefüge Hauptsatz und Nebensatz verknüpfen

Merkwissen Das Satzgefüge: Hauptsatz + Nebensatz

Einen **Satz**, der aus mindestens einem **Hauptsatz** und mindestens einem **Nebensatz** besteht, nennt man **Satzgefüge**. Zwischen Hauptsatz und Nebensatz muss **immer ein Komma** stehen.

Nebensätze haben folgende Kennzeichen:
- Ein Nebensatz kann **nicht ohne** einen **Hauptsatz** stehen.
- Der Nebensatz ist dem Hauptsatz untergeordnet und wird durch eine **unterordnende Konjunktion** (z. B. *weil, dass, als, nachdem, wenn*) oder ein **Relativpronomen** (z. B. *der, die, das, welcher*) eingeleitet.
- Die **finite Verbform** (Personalform des Verbs) steht im Nebensatz immer **an letzter Satzgliedstelle**.
- Ein Nebensatz kann **vorangestellt**, **eingeschoben** oder **nachgestellt** werden, z. B.:

vorangestellt: *Wenn wir morgens aufwachen, erinnern wir uns manchmal an herrliche Träume.*
Nebensatz Komma Hauptsatz

eingeschoben: *Menschen, die morgens schweißgebadet aufwachen, hatten häufig Alpträume.*
Hauptsatz Komma Nebensatz Komma Hauptsatz

nachgestellt: *Im Traum erscheinen manchmal Sachen, die uns Angst machen.*
Hauptsatz Komma Nebensatz

1 Kennzeichne im folgenden Text Hauptsatz und Nebensatz, indem du
a die finite Verbform im Hauptsatz gelb und im Nebensatz blau unterstreichst,
b einen senkrechten Strich | zwischen Haupt- und Nebensatz ziehst,
c das Wort, das den Nebensatz einleitet, markierst.

Menschen haben Träume, | die wie ein Kino im Kopf wirken

Ein Professor bat seine Zuhörerinnen und Zuhörer, dass sie die Augen schließen und sich Tiere vorstellen sollten. Als der Saal sozusagen voller Tiere war, öffnete das Publikum die Augen wieder. Das Publikum erkannte erstaunt, dass man auch am Tag träumen kann. Wie Tagträume auch beim Lernen helfen, das erklärte der Professor auch. Manchmal schweift das Gehirn in Tagträume ab, während es neue Eindrücke ordnet.

2 In den folgenden Satzgefügen fehlen die Kommas.
Setze sie an der richtigen Stelle ein.

Träume wirken häufig sehr wirklich weil sie in Bildern ablaufen.

Traumbilder zeigen unterschiedliche Orte und Zeiten die oft völlig wirr durcheinanderlaufen.

In Traumszenen spielt der Träumende der vielleicht plötzlich etwas ganz Tolles kann die Hauptrolle.

●●●3 Zeichne zu den Sätzen aus Aufgabe 2 Satzbaupläne in dein Heft.
Tipp: Orientiere dich an den Mustern im Merkkasten.

4 Untersuche die folgenden Satzgefüge:
Ist der Nebensatz vorangestellt (V), nachgestellt (N) oder eingeschoben (E)?
Trage den richtigen Buchstaben ins Kästchen ein.

- [ ] Wenn ich meinen Traumberuf ausüben kann, werde ich sehr glücklich sein.
- [ ] Meine Trauminsel, auf der ich gern Urlaub machen würde, ist Rügen.
- [ ] Erst um 10 Uhr fängt meine Traumschule, die direkt am Meer liegt, an.
- [ ] Ich träume davon, dass ich später einmal auf einem Leuchtturm wohnen kann.

5 Sieh dir die Sätze von Aufgabe 4 genau an: Wo steht die finite Verbform?
Unterstreiche sie und ergänze die Regel.

Im Nebensatz steht die Personalform des Verbs immer ______________________.

6 a Lies den folgenden Text über Leuchttürme.
Er besteht nur aus Hauptsätzen. Das wirkt etwas abgehackt.
b Formuliere die folgenden Sätze zu Satzgefügen um:
Verwende die angegebenen Konjunktionen bzw. Relativpronomen. Beachte die Kommasetzung.

Tipp Verbindet man Hauptsätze zu Satzgefügen, **wirkt der Text flüssiger**, z. B.:
Da der Text nur aus Hauptsätzen besteht, wirkt er etwas abgehackt.

Als Leuchtturm wird in der Seefahrt ein etwa 15 bis 40 Meter hoher Turm bezeichnet. Der Turm dient an wichtigen oder gefährlichen Punkten der Schifffahrt als weithin sichtbares Seezeichen. der

____

____

Durch seine Lichtsignale weist er Schiffen den Weg. Die Lichtsignale nennt man auch Leuchtfeuer. die

____

Sie ermöglichen das Umfahren gefährlicher Stellen. Leuchttürme sind wahre Lebensretter. sodass

____

Viele Leuchttürme sind beeindruckende Bauwerke. Sie bilden ein beliebtes Fotomotiv für Urlauber. weil

____

Leuchttürme spenden nachts Licht und ermöglichen die Heimkehr. Sie sind ein ermutigendes Symbol. da

____

7 Erkläre mit eigenen Worten, für wen und warum Leuchttürme wichtig sind. Formuliere ein Satzgefüge.

____

____

Teste dein Wissen!
Satzarten unterscheiden

1 Vervollständige das Merkwissen und beantworte die Fragen. (3 Punkte)

A Ein Satzgefüge besteht aus ______

B An welche Stelle im Satzgefüge muss immer ein Komma gesetzt werden?

______

C An welcher Stelle steht im Nebensatz die finite Verbform?

______

2 Untersuche die folgenden Sätze.

A Unser Wortschatz beinhaltet viele Redewendungen.
B Diese sind nicht wörtlich zu nehmen, darin liegt gerade ihr Witz.
C Die Redewendungen stammen aus zahlreichen Bereichen des Lebens, zu nennen sind z. B. die Landwirtschaft, das Handwerk, die Jagd, die Küche oder fremde Kulturen.

Was bedeutet die Redewendung „Manchmal verliert man den Faden"?
D Wenn jemand beim Spinnen oder Weben den Faden verliert, kann er erst einmal nicht weiterarbeiten.
E Jemand weiß beim Reden den Gedanken nicht mehr, den er ausdrücken wollte.

Und woher stammt die Redewendung „Etwas hängt am seidenen Faden"?
F Dahinter steckt die Vorstellung vom Lebensfaden, den die griechischen Schicksalsgöttinnen spinnen.
G Falls der Lebensfaden zu dünn ist, könnte er reißen.

a Kreuze an. (1 Punkt)

Satz A ist: ☐ ein Hauptsatz ☐ eine Satzreihe / eine Satzverbindung ☐ ein Satzgefüge

b Schreibe die Buchstaben der Satzreihen/Satzverbindungen auf. (2 Punkte)

______

c Erkläre stichwortartig die Kommasetzung (alle Kommas) in Satz B und Satz C. (3 Punkte)

______

d Unterstreiche in allen Satzgefügen die Nebensätze mit Gelb. (8 Punkte)
Markiere die einleitenden Konjunktionen bzw. Relativpronomen.

e Zeichne einen Satzbauplan zu Satz G in dein Heft. (1 Punkt)

Vergleiche deine Ergebnisse mit dem Lösungsheft. Für jede richtige Antwort bekommst du einen Punkt.

☺ **18–13 Punkte**	😐 **12–9 Punkte**	☹ **8–0 Punkte**
Gut gemacht!	Gar nicht schlecht, aber lies dir die Merkkästen auf den Seiten 55 und 56 noch einmal genau durch.	Arbeite die Seiten 55 und 57 noch einmal genau durch.

Was kannst du schon?
Rechtschreibung

1 In jedem dieser Wörter stecken zwei Wörter. Zerlege: Trage einen Strich | zwischen den Wörtern ein. (4 Punkte)

B r o t | k o r b   T r i n k g l a s   T e e k a n n e   T o a s t s c h e i b e   H o n i g g l a s

2 Umkreise die Wörter, die falsch getrennt sind.
Schreibe diese Wörter mit der richtigen Trennung ins Heft. (3 Punkte)

Wasch-lap-pen   Haar-bür-ste   Sei-fen-do-se   Dus-che   Wasch-bec-ken

3 Welche dieser Wörter werden mit ä bzw. äu geschrieben?
Prüfe durch Ableiten (verwandte Wörter bilden) und kreuze an.
Trage in die Klammer das Wort ein, von dem du die Schreibweise ableiten kannst. (5 Punkte)

☐ H_äu_ser (Haus_____)   ☐ H___te (_________)   ☐ Pl___tzchen (_________)
☐ Geb___de (_________)   ☐ ___ngstlich (_________)   ☐ S___getier (_________)

4 Auf welchen Buchstaben endet das Wort? Finde jeweils eine Verlängerung, die dir bei der Entscheidung hilft. (8 Punkte)

Geld_		Gelder	Urlau__		________	lusti__		________
Hem__	d/t?	________	Tra__	b/p?	________	Win__	g/k?	________
Zel__		________	hal__		________	Spu__		________

5 Muss an den markierten Stellen der Konsonant verdoppelt werden? Prüfe und trage ein. (16 Punkte)

Im Som__er ist einf__ach al__es viel__ bes__er: Man__ braucht kein__en Pul__over und mus__ sich nicht im__ Zim__er langweil__en. Man kan__ Fußbal__ spiel__en und schwim__en gehen.

6 Ergänze ein h, wo es notwendig ist. (20 Punkte)

Stra__ßenba__nen fa__ren mit Stro__m, den sie durch den Stro__mabne__mer aus der Oberlei__tung bekommen. I__re Elektromoto__ren ge__ben keine Abga__se ab. Stra__ßenba__nen sind ein se__r beque__mes Verke__rsmittel. Man kann wä__rend der Fa__rt frü__stücken oder le__sen.

7 Wie heißen diese Tiere? Notiere und achte auf i und ie. (8 Punkte)

8 Trage die Wörter richtig in die Tabelle ein und ergänze dabei den entsprechenden s-Laut. (8 Punkte)

mü ? en Schlu ? drau ? en intere ? ant schie ? en Stra ? e Wi ? en au ? erdem

Wörter mit ß	Wörter mit ss

9 Groß oder klein? Kreuze bei jedem Satz an, ob er einen Fehler enthält oder nicht. (6 Punkte)

	ein Fehler	kein Fehler
A In der Garage steht ein neues Auto.	☐	☐
B In der Garage steht ein Neues Auto.	☐	☐
C Unsere vier Fahrräder haben jetzt keinen platz mehr.	☐	☐
D Unsere Vier Fahrräder haben jetzt keinen Platz mehr.	☐	☐
E Unsere vier Fahrräder haben jetzt keinen Platz mehr.	☐	☐
F Sie sind in den Keller verbannt worden.	☐	☐

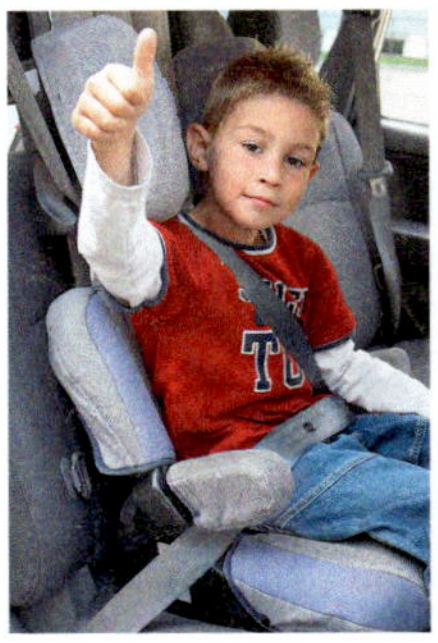

10 In diesem Text müssen 12 Wörter großgeschrieben werden. Unterstreiche sie. (12 Punkte)

Der kindersitz gibt kleineren kindern im auto mehr sicherheit. Sie sitzen geschützter, sind angeschnallt und haben auch seitlich einen guten halt. Das ist wichtig, wenn ein kind einschläft. Für größere genügt der junior-autositz. Ein kind darf erst ohne kindersitz mitfahren, wenn es mindestens 12 jahre alt oder 1,50 meter groß ist.

11 Setze die fehlenden Kommas. (3 Punkte)

Die meisten Kinder fahren gern Fahrrad lieben Ballspiele und schauen fern.

Manche sitzen zu lange vor dem Fernseher sowie dem Computer und treiben zu wenig Sport.

Meist sind Kinder am liebsten draußen im Garten auf dem Bolzplatz oder auf der Straße.

12 Setze die fehlenden Anführungszeichen bei der wörtlichen Rede an den richtigen Stellen ein. (5 Punkte)

Eigentlich wollte ich heute draußen spielen , seufzt Clemens.

Und warum , fragt sein Bruder , machst du es nicht?

Dumme Frage! , antwortet Clemens. Es regnet und meine Gummistiefel haben ein Loch.

13 a Überprüfe deine Lösungen mithilfe des Lösungsheftes.

b Trage ein, wie du die Aufgaben bewältigt hast: ✓ = das Meiste richtig ? = noch etwas unsicher

Aufgabe	1 ☐	2 ☐	3 ☐	4 ☐	5 ☐	6 ☐
Weitere Übungen	S. 62	S. 62	S. 63	S. 64	S. 68–70	S. 71–73
Aufgabe	7 ☐	8 ☐	9 ☐	10 ☐	11 ☐	12 ☐
Weitere Übungen	S. 75–76	S. 77–80	S. 84–86	S. 84–86	S. 87	S. 88

Fehler vermeiden
Tipps zum Rechtschreiben

Methode Lesbar schreiben, fehlerfrei abschreiben

Um beim Schreiben Fehler zu vermeiden, ist **Konzentration** besonders wichtig.
Konzentration bedeutet: Du richtest alle deine Gedanken nur auf den Text, den du gerade schreibst.
Durch Abschreiben trainierst du deine Konzentration und gleichzeitig die Rechtschreibung. Gehe so vor:

1. Schritt: Lies eine Zeile, schau dir die Wörter an und präge sie dir ein.
2. Schritt: Decke die Zeile mit einem Blatt Papier ab und schreibe sie aus dem Gedächtnis auf. Schreibe in deiner besten Schrift.
3. Schritt: Vergleiche Wort für Wort, Buchstabe für Buchstabe mit der Vorlage: Hast du alles richtig geschrieben?
4. Schritt: Streiche falsch geschriebene Wörter mit einem Lineal durch und schreibe sie richtig auf.

Tipp 1: Konzentriert und leserlich (ab)schreiben

1 Übertrage diese Wörter in den Text. Präge sie dir vorher ein, vergleiche abschließend.

Erinnerungsbuch Freundschaftsbeweis besinnlichen Poesiealbumsprüche

Vergissmeinnicht Jahrhunderten Freundschaftsbücher präsentiert

Vom Poesiealbum zum Freundschaftsbuch

Ein Poesiealbum ist eine Art ______________.

Es gilt als ______________, sich mit einem lustigen oder ______________ Spruch oder Gedicht verewigen zu dürfen. Viele ______________ beinhalten einen Treueschwur oder ein „______________“. Poesiealben gibt es seit mehreren ______________. Heute sind ______________ beliebt, in denen man sich mit seinen Lebensdaten, Vorlieben, Hobbys und einem Foto ______________.

2 Schreibe diese Poesiealbumsprüche ab, so wie es im Methodenkasten beschrieben wird.
Tipp: Du kannst auf schönes Papier schreiben und ein Bild dazu zeichnen.

A
Löwen, Tiger, Katzen,
alle sollen sie dich kratzen,
wenn du je vergisst,
wer dein Schulfreund ist.

B
Wenn das Rhinozeros,
das schlimme,
dich kriegen will
in seinem Grimme,
dann steig auf einen
Baum beizeiten,
sonst hast du
Unannehmlichkeiten.

C
Freundlich blüht an stiller Quelle
in des Mondes Silberlicht
eine Blume, zart und helle,
und die heißt Vergissmeinnicht.

Tipp 2: Wörter deutlich sprechen und gliedern

Methode Wörter deutlich sprechen und in Silben gliedern

Eine deutliche Aussprache hilft dir, Wörter richtig zu schreiben. Wer einen Dialekt oder Umgangssprache spricht, muss beim deutlichen Sprechen auf Hochdeutsch „umschalten".
- Sprich das Wort langsam und deutlich, z. B.: *das Gebäck, das Gepäck*.
- Gliedere längere Wörter in Sprechsilben. Das hilft dir beim richtigen Schreiben, z. B.: *Ta-fel-lap-pen*.
- **Silbentrennung:** Mehrsilbige Wörter trennt man nach Sprechsilben, die man beim deutlichen und langsamen Vorlesen hören kann, z. B.: *Kin-der-zim-mer, Lam-pen-schirm*.

Ein einzelner Vokal wird nicht abgetrennt, z. B.: *Abend, üben, öde*.
Beachte: Einsilbige Wörter kann man nicht trennen, z. B.: *Bild, Stuhl, hart, bunt*.

1 Welche Gegenstände siehst du auf dem Bild?
a Sprich die Wörter rhythmisch und achte auf die Sprechsilben.
b Schreibe jedes Wort mit Artikel und Trennstrichen ins Heft, z. B.: *der Schreib-tisch, …*
Achtung: Zwei Wörter werden nicht getrennt.

2 Zerlege diese Bandwurmwörter in Sinneinheiten:
Band | wurm | wörter
Schreibe sie ab.

Spiegelglatteisgefahrwarnung

Sommerschlussverkaufschnäppchenjäger

Schulhaustürrahmenholzbandwurmloch

3 a Entscheide, welche dieser Wörter mit der Vorsilbe Ver-/ver- geschrieben werden. Zerlege und trage ein: v oder f.
b Trage die Wörter passend in die Übersicht ein.

das Ver|steck — die _erne — das _erkel — _ernehmen — das _ertrauen — _ertig

_erschreiben — _ermutlich — die _erien — der _ernseher — _ersorgen — der _erteiler

Wörter mit Vorsilbe ver-/Ver-	Wörter mit f-/F-
das Versteck,	*die Ferne,*

Tipp 3: Verwandte Wörter suchen

Methode Verwandte Wörter suchen (Ableitungsprobe)

- Wenn du unsicher bist, wie ein Wort geschrieben wird, hilft fast immer die Suche nach einem verwandten Wort. Der Wortstamm wird in allen verwandten Wörtern gleich oder ähnlich geschrieben, z. B.: *reisen: abgereist, verreisen, die Reise.*
- Du schreibst ein Wort mit *ä* oder *äu*, wenn es ein verwandtes Wort mit *a* oder *au* gibt, z. B.: ***e*** oder ***ä?*** *Gläser – Glas* ***eu*** oder ***äu?*** *Träume – Traum.* Gibt es kein verwandtes Wort mit *a* oder *au*, schreibt man das Wort meist mit *e* oder *eu*.

1 a Unterstreiche in jedem Infinitiv den Wortstamm.
b Trage zu den Infinitiven die Beispiele ein, mit denen sie verwandt sind.
c Unterstreiche in allen eingetragenen Wörtern den Wortstamm.

sehen: *die Sehkraft* ______

geschehen: ______

gehen: ______

stehen: ______

der Sehtest das Stehcafé du siehst es geschieht die Herangehensweise

es geht ihr steht der Gehweg das Fernsehprogramm das Geschehnis

die Stehleiter Was geschah? die Sehkraft das Stehaufmännchen Gehst du?

2 Jeweils ein Wort aus dem linken und dem rechten Kasten sind miteinander verwandt.
Verbinde diese Wörter und schreibe die Wortpaare ins Heft. Schreibe Nomen/Substantive mit Artikel auf.

der Schädling häufig die Wäsche die Läuse aufräumen färben häuslich wählen die Härte

die Farbe die Laus der Raum schaden der Haufen waschen hart die Wahl das Haus

3 Suche zu diesen Wörtern ein verwandtes Wort der vorgegebenen Wortart, das mit a oder au geschrieben wird.

die Fläche (Adjektiv) ⟶ *flach* ______ schädlich (Nomen) ⟶ ______

häuslich (Verb) ⟶ ______ schäumen (Nomen) ⟶ ______

der Händler (Verb) ⟶ ______ stärken (Adjektiv) ⟶ ______

Tipp 4: Wörter verlängern

Methode Verlängerungsprobe: t oder d, k oder g, p oder b?

Am Wortende klingt ***b*** wie ***p***, z. B.: *Staub, halb;* ***g*** wie ***k***, z. B.: *Tag, Berg;* ***d*** wie ***t***, z. B.: *Bad, wütend.*
Wenn du die Wörter verlängerst, hörst du, welchen Buchstaben du schreiben musst (Verlängerungsprobe), z. B.: *staubig, halbieren, Tage, Berge, baden, wütender.*
So kannst du Wörter verlängern:

- Bilde bei Nomen den Plural, z. B.: *der Win ? – die Winde ⟶ der Wind.*
- Steigere Adjektive, z. B.: *klu ? – klüger ⟶ klug.*
- Ergänze bei Adjektiven ein Nomen/Sustantiv, z. B.: *frem ? – ein fremder Mensch ⟶ fremd.*
- Bilde bei Verben den Infinitiv oder die Wir-Form, z. B.: *grä ? t – (wir) graben ⟶ gräbt.*

1 a Finde zu jedem Bild das passende Wort. Schreibe es im Plural auf.
b Unterstreiche, bei welchem Buchstaben dir das Verlängern im Plural hilft, das Wort richtig zu schreiben.

 *die Bänder*

2 t/d, k/g oder p/b? Schreibe die Adjektive mit ihren Steigerungsstufen auf.
Beginne mit der mittleren Spalte.

	k	l	u					
	k	l	ü		e	r		
am	k	l	ü		s	t	e	n

	l	i	e					
	l							
am	l							

	w	i	l		e	r			
am									

am	g	r	ö			t	e	n

	f	l	i	n					
am									

	k	a	l						
am									

3 Schreibe folgende Adjektive mit ihren Steigerungsstufen in dein Heft und markiere b/p, d/t, g/k:

al ? bun ? kran ? brei ? jun ? frem ?

4 Ergänze bei den Verben auf der linken Seite den fehlenden Buchstaben mithilfe der Verlängerungsprobe: Setze dazu zuerst in jedem Satz Subjekt und Prädikat in den Plural.

Ein Auto bie__t um die Ecke. *Zwei Autos biegen*

Es häl__ und hu__t. Sie

Eine alte Dame hin__t herbei und stei__t ein. Zwei

Methode Verlängerungsprobe: Zerlegen und Verlängern

Manchmal muss man ein Wort erst zerlegen (→ S. 62), bevor man es an der fraglichen Stelle verlängern kann, z. B.: *Sau* ? *napf* ⟶ *saugen* ⟶ *Saugnapf*.

5 Finde den fehlenden Buchstaben durch Zerlegen und Verlängern.
Notiere den Lösungsweg wie beim Beispiel im Merkkasten.

Kor ? sessel *→ Körbe → Korbsessel*

Schwieri ? keiten ____________________

Strei ? fall ____________________

Tausen ? füßler ____________________

Köni ? reich ____________________

Gesun ? heit ____________________

Ban ? angestellter ____________________

Methode Verlängerungsprobe: s oder ß?

Nach einem langen Vokal oder einem Diphthong kann am Wortende ein stimmloses („scharfes") **s** entweder als **s** (z. B. *Gras*, *Maus*) oder als **ß** (z. B. *Fuß*, *Fleiß*) geschrieben werden.
Ob **s** oder **ß** richtig ist, hörst du bei der Verlängerungsprobe:
- Klingt der **s-Laut stimmhaft**, schreibst du **s**, z. B.: *das Gra* ? ⟶ *die Gräser, die Mau* ? ⟶ *die Mäuse.*
- Bleibt der **s-Laut stimmlos**, schreibst du **ß**, z. B.: *der Fu* ? ⟶ *die Füße, hei* ? ⟶ *heißer.*

6 a Sortiere diese Wörter zu drei Wortfamilien: Schreibe in jede leere Kiste die Wörter einer Wortfamilie.
b Unterstreiche in jedem Wort den Wortstamm.

versü__en fel__ig Ei__ Sü__igkeit sü__ Fel__brocken ei__ig

Fel__en Fel__ verei__en Ei__schicht Sü__stoff

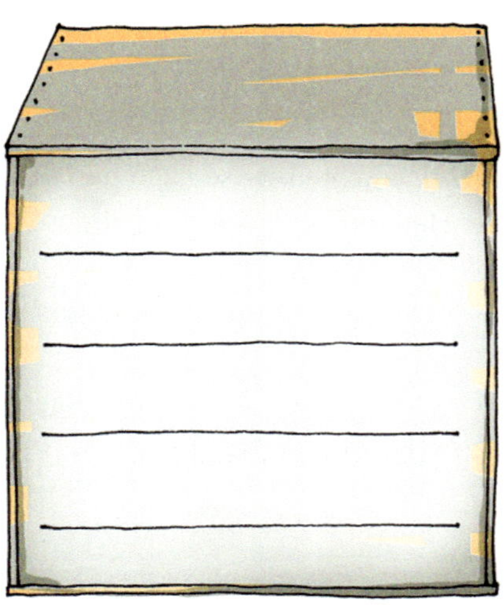

Tipp 5: Im Wörterbuch nachschlagen

Methode Mit dem Wörterbuch arbeiten

In einem Wörterbuch sind die Buchstaben **nach dem Alphabet sortiert**.
Wenn der erste, zweite … Buchstabe gleich sind, wird die Reihenfolge nach dem zweiten, dritten … Buchstaben entschieden, z. B.: *Bibel – Blumenkohl – Bote; Befehl – Bein; Beere – Beet*.
Die Wörter sind im Wörterbuch in ihrer **Grundform** verzeichnet, also z. B.
– Verben im Infinitiv, z. B.: *er fraß ⟶ fressen*,
– Nomen/Substantive im Nominativ Singular, z. B.: *die Hühner ⟶ Huhn*.
Tipp: Wenn ein Wort unter der vermuteten Schreibweise nicht zu finden ist, solltest du eine andere Schreibweise suchen und darunter nachschlagen, z. B.: *Yogurt ⟶ Jogurt*.

1 a Bringe das Lebensmittel-Abc in die richtige Reihenfolge.
Schreibe die Anfangsbuchstaben farbig.

Weintraube Orangensaft Butter Quark

Mandeln Erbsen Folienkartoffel Honig Ingwer

Kakao Nüsse Chips Puddingpulver Dattel Radieschen Aprikose Zucker

Gemüse Sonnenblumenöl Johannisbeeren Vanille Limonade Toast

Aprikose, ______

______

______

______

______

b Drei Buchstaben fehlen in diesem Alphabet.
Schreibe sie auf.

______

2 a Schlage im Wörterbuch die richtige Schreibweise nach und unterstreiche sie.
b Notiere dahinter: Aus welcher Herkunftssprache stammt das Wort?

Pomfrit oder Pommes Frites? ______
Sushi oder Suschi? ______
Zuchini oder Zucchini? ______
Paella oder Paelja? ______
Crossant oder Croissant? ______
Borschtsch oder Bortsch? ______
Zaziki oder Satsiki? ______
Kuskus oder Couscous? ______

Teste dein Wissen!
Tipps zum Rechtschreiben

1 Kreuze an: Welche Probe hilft dir, an den markierten Stellen die richtige Schreibung zu finden? (6 Punkte) ☐

	Rundfunk	schäumend	Volkslied	gräbt	dauernd	Päuschen
Verlängerungsprobe	☐	☐	☐	☐	☐	☐
Ableitungsprobe	☐	☐	☐	☐	☐	☐

2 a Entscheide für jede Aussage, ob sie richtig oder falsch ist. Kreuze an. (5 Punkte) ☐

	richtig	falsch
A Beim Verlängern kann aus einem stimmlosen s ein stimmhaftes s werden.	☐	☐
B Ein Nomen kann man gut verlängern, indem man den Plural bildet.	☐	☐
C Dieselbe Vorsilbe wird immer mit demselben Anfangsbuchstaben geschrieben.	☐	☐
D Für einige Wörter mit ä und äu gibt es keine Ableitungsmöglichkeit.	☐	☐
E Das Zerlegen von Wörtern dient ausschließlich der richtigen Silbentrennung.	☐	☐

b Ordne den folgenden Beispielen die Aussagen aus Aufgabe 2 a zu. (5 Punkte) ☐

	gehört zu Aussage
1 Wald ⟶ Wälder	☐
2 Käfer, Käfig, Käse, Känguru	☐
3 Kleid ⟶ Kleider, Fuß ⟶ Füße	☐
4 Schmaus ⟶ schmausen, Gras ⟶ Gräser	☐
5 verbieten, Verkauf, verloren, vermissen, Verspätung	☐

3 Zerlege diese Wörter. Markiere die Stellen, an denen eine Verlängerungsprobe hilfreich ist. (8 Punkte) ☐

Rundwegweiser ____________________ Nachtblindflug ____________________

Flugzeugträger ____________________ Halbzeitpause ____________________

Windhundrennen ____________________ Handstaubsauger ____________________

Heißluftballon ____________________ Wandmaßband ____________________

Vergleiche deine Ergebnisse mit dem Lösungsheft. Für jede richtige Antwort bekommst du einen Punkt.

☺ **24–19 Punkte**
Gut gemacht!

☺ **18–12 Punkte**
Gar nicht schlecht, aber lies dir die Merkkästen auf den Seiten 61 bis 66 noch einmal genau durch.

☹ **11–0 Punkte**
Arbeite die Seiten 61 bis 66 noch einmal genau durch.

Üben macht sicher
Regeln zum Rechtschreiben

Kurze Vokale

Merkwissen Kurze Vokale – Doppelte Konsonanten

Nach einem betonten kurzen Vokal folgen fast immer **zwei** oder mehr **Konsonanten**.
Beim deutlichen Sprechen kannst du sie meist gut unterscheiden, z. B.: *Topf, rund, lernen*.
Hörst du nur einen Konsonanten, wird er verdoppelt, z. B.: *wenn, Wette, klappern*.

1 a Lies das Gedicht und sprich deutlich: Markiere alle Wörter mit einem betonten kurzen Vokal.

Martin Auer
Zufall

Wenn statt mir jemand anderer
Auf die Welt gekommen wär'.
Vielleicht meine Schwester
oder mein Bruder
oder irgendein fremdes blödes Luder –
wie wär' die Welt dann,
ohne mich?
Und wo wäre denn dann ich?
Und würd' mich irgendwer vermissen?
Es tät' ja keiner von mir wissen.
Statt mir wäre hier ein ganz anderes Kind,
würde bei meinen Eltern leben
und hätte mein ganzes Spielzeug im Spind.
Ja, sie hätten ihm sogar
meinen Namen gegeben!

b Trage die markierten Wörter in die Übersicht ein.
c Setze bei jedem Wort in der Übersicht einen Punkt unter den betonten kurzen Vokal.
Markiere die Konsonanten, die ihm folgen.

Wörter mit zwei oder mehr verschiedenen Konsonanten nach dem betonten kurzen Vokal

jemand

Wörter mit verdoppeltem Konsonanten nach dem betonten kurzen Vokal

Zufall

2 a Ergänze jeweils die Reimwörter.
b Wähle zwei der Nomen/Substantive aus und notiere dazu andere Wörter aus der Wortfamilie. Markiere die Konsonanten, die auf den betonten kurzen Vokal folgen.

	S	U	P	P	E
	P				
G	R				
	K				

	T	A	S	S	E
T	R				
	K				
	G				

		K	E	L	L	E
S	C	H				
		P				
		D				

Süppchen, suppig, Suppentasse, Suppenkasper

3 a Hier werden zusammengesetzte Nomen gesucht, in denen drei Konsonanten auf den betonten, kurzen Vokal folgen.
Trenne die Wörter in der Welle ab.

b Die hier gesuchten Wörter werden aus den oben abgetrennten Wörtern zusammengesetzt.

A das benötigen Taucher: S a u e r s t o f f f l a s c h e

B abgerissenes Stück Stoff: _ _ _ _ _ _ _ _ _ _ _

C anderes Wort für Bettlaken: _ _ _ _ _ _ _ _

D tanzt auf den Zehenspitzen: _ _ _ _ _ _ _ _ _ _ _ _ _ i n

E schließt eine Berechnung ab: _ _ _ _ _ _ _ _ _ _ _ _ _

F kleines Wolltuch: _ _ _ _ _ _ _ _ _ _

G „Eine , die ist lustig“: _ _ _ _ _ _ _ _ _ _ _

H Kraut mit Brennhaaren: _ _ _ _ _ _ _ _ _ _ _

4 Findest du alle gesuchten Wörter?
Im Kabelsalat verstecken sich Nomen und Verben mit einem betonten kurzen Vokal und mit ck oder tz.

> **Tipp** In der Regel schreibt man **ck** statt kk (z. B. *Zucker*) und **tz** statt zz (z. B. *Katze*).
> **Achtung: ck** wird am Zeilenende **nicht getrennt**, z. B.: *Zu-cker*, *ba-cken*, *we-cken*.

ck

- verst *ecken*
- Da ___
- erschr ___
- we ___
- kna ___
- pflü ___
- du ___
- So ___
- Glo ___
- spu ___
- ersti ___

tz

- Plätz *chen*
- Ta ___
- Scha ___
- Spa ___
- he ___
- kra ___
- we ___
- verle ___
- Geme ___
- Ka ___

5 Fülle die Lücken. Entscheide dabei, ob die Konsonanten verdoppelt werden müssen bzw. ob tz oder ck richtig ist.

Nächtlicher Streit zwischen Fußba___ und Computer

Ein Fußba___ me___ert aus der Wohnzi___ere___e: „Mir sti___kt die Langeweile. Keiner wi___ mehr Ba___ spielen. Das ist o___ensichtlich zu gefährlich geworden. Man ka___ sich beim Spielen schmu___ig machen, die Beine verle___en und ma___chmal schießt man Fensterscheiben kapu___." „Fa___ bloß nicht auf das Gerede der Kinder rein. Du hast wohl noch nicht begri___en, dass ich ihnen eine ganz andere We___t erö___nen ka___. Da ko___st du nicht mit. Oder ka___st du armes, zerkra___tes Teil etwa to___e Geräusche machen und spa___ende Spiele durch Verne___ung mit anderen Computern bieten?"

●●●6 Setze das Streitgespräch zwischen Fußball und Computer fort. Schreibe in dein Heft.
Setze einen Punkt unter die kurzen Vokale und markiere die nachfolgenden Konsonanten.

Lange Vokale

Merkwissen Schreibweisen bei langen Vokalen

In den meisten Wörtern wird der **betonte lange Vokal** nur **mit einem Buchstaben** geschrieben.
Danach folgt meist nur ein Konsonant, z. B.: *Frage, wegen, losen, Mut.*
Das gilt besonders für einsilbige Wörter, z. B.: *zu, los, wen, so.*

1 Trenne die Wörter im Besenstiel ab.
Schreibe sie in dein Heft und achte dabei auf die richtige Groß- und Kleinschreibung.

Wörter mit *h*

2 Hier verstecken sich fünf Nomen mit h nach langem Vokal:
waagerecht ⟶ und senkrecht ↓.
Markiere sie, schreibe sie heraus und ergänze zu jedem ein verwandtes Wort.

W	E	W	O	H	N	U	N	G	Z	U	T
A	S	Q	H	R	V	L	M	E	O	L	W
H	B	E	Z	A	H	L	U	N	G	J	A
N	U	R	K	G	E	F	Ü	H	L	X	H
E	K	R	U	H	M	R	B	Y	L	I	L

Tipp
- Bei einer kleineren Gruppe von Wörtern folgt nach dem betonten, langen Vokal ein **h**, z. B.: **Bahn**, **befehlen**, **Rohr**, **Ruhm**.
- Das h steht besonders **häufig vor** den Konsonanten **l**, **m**, **n**, **r**.
- Es bleibt auch in den verwandten Wörtern erhalten, z. B.: *Zahl – zählen, Lehm – lehmig, Lohn – lohnend, Uhr – Uhrzeit.*

Wohnung – wohnen, ____________________

____

3 Suche Reimwörter mit einem langen a, auf das ein hl, hm, hn oder hr folgt.

prahlen	**lahm**	**Hahn**	**verwahren**
strahlen	*R*	*W*	*bew*
m	*z*	*K*	*in den J*

4 Ergänze die fehlenden Buchstaben. Prüfe genau, wo auf den betonten langen Vokal ein h folgt.

Bastelanleitung für die L___k___m___tive von Lukas und Jim Knopf

Zeichne eine Vorl___ge für die L___k___m___tive auf s___r festes Papier oder auf Pappe. Schneide sie aus. Schneide n___n aus m___reren bunten Stoffresten Streifen und Muster aus und bekl___be d___mit das F___rzeug von Jim und Lukas.

Durch unterschiedliche Stoffe werden F___rerhaus, R___der und Schl___t bet___nt. Ziehe mit der N___del einen F___den vom F___rerhaus zum Schl___t und verkn___te die Enden.

5 Trage die fehlenden Verbformen ein.
Das h nach dem betonten langen Vokal bleibt immer erhalten.

Infinitiv	**Präsens** 1. Person Singular	**Präsens** 3. Person Singular	**Präteritum** 3. Person Singular	**Präteritum** 1. Person Plural
wohnen				
			sie fuhr	
		er bohrt		
	ich fühle			

●●●6 a Löse das Rätsel.
Unterstreiche die verschiedenen Schreibweisen des langen Vokals.
b Wie heißt das Lösungswort? Du findest es in den grün unterlegten Feldern.

Kosmetikartikel	P
oberste Milchschicht	R
Sitzgelegenheit	S
Material von Schuhen	L
Niederschlag	R
Wintergemüse	K
Geräusch von Fröschen	Q
Federvieh	H
Tätigkeit im Haushalt	F

Lösungswort: ______________________

7 Finde zu diesen Verben passende Reimwörter.
Zu dem Verb *gehen* lassen sich die meisten Reimwörter bilden.

gehen	mähen	blühen

Tipp Bei manchen Wörtern steht am Anfang der zweiten Silbe ein **h**.
Du kannst es hören, z. B.: *Ru-he, ge-hen*.
Das h bleibt in verwandten Wörtern erhalten. Verlängere Einsilber, dann kannst du es hören, z. B.:
es weht ⟶ wehen, Zeh ⟶ Zehen, sie sieht ⟶ sehen.

8 Trage die fehlenden Verbformen ein.
Das h nach dem betonten langen Vokal bleibt immer erhalten.

Infinitiv	Präsens		Präteritum	
	1. Person Singular	3. Person Singular	3. Person Singular	1. Person Plural
gehen				
			er mähte	
		sie näht		
				wir flehten
	ich drohte			
			es sah	

9 a Suche für jedes Beispiel verwandte Wörter und schreibe sie auf.
b Markiere die Wortstämme.

gehen: Vergehen – Gehsteig – Gehrock

bemühen:

Ruhe:

10 Verlängere: Bilde zu den Nomen den Plural und steigere die Adjektive. Schreibe die Verlängerungen auf.

der Schuh:

das Reh:

froh:

zäh:

kahl:

Wörter mit Doppelvokal

Merkwissen Doppelvokal: aa, ee, oo

Es gibt nur wenige Wörter, in denen der lang gesprochene Vokal durch die Verdoppelung gekennzeichnet ist. **Merke sie dir gut:**
aa: *der Aal, das Haar, paar, das Paar, der Saal, die Saat, der Staat, die Waage.*
ee: *die Beere, das Beet, die Fee, das Heer, der Klee, das Meer, der Schnee, der See, die Seele, der Speer, der Teer.*
Dazu kommen die **Fremdwörter mit ee** am Wortende, z. B.: *die Allee, die Armee, die Idee, der Kaffee, der Tee, die Tournee, das Püree.*
oo: *das Boot, doof, das Moor, das Moos, der Zoo.*

1 Markiere 16 Wörter mit Doppelvokal: waagerecht ⟶ und senkrecht ↓.
Schreibe sie in dein Heft ab. Achte dabei auf die richtige Groß- und Kleinschreibung.

H	A	A	R	B	Z	B	U	L	R	S	T	A	A	T	X
A	H	E	M	O	O	S	L	E	I	A	E	A	L	E	U
U	L	L	I	O	T	E	F	E	F	A	E	S	P	E	T
M	O	O	R	T	B	E	E	R	E	L	P	V	P	R	D
C	H	K	F	L	G	H	R	I	E	F	I	J	U	L	R
S	C	H	E	E	L	X	M	S	A	A	T	Y	Z	O	O

2 Folgende Nomen sind falsch zusammengesetzt.
Trenne sie ab. Verbinde sie zu richtigen neuen Wörtern und schreibe diese auf.

See|pflug Mittelwaage Aasbad Blumenmeer Personenbeet

Seelen|räuber Teeblatt Schneebeutel Kleeruhe Moorgeier

Seeräuber,

●●●3 Gesucht sind hier Wörter mit ee am Wortende.
Das grün unterlegte Lösungswort bezeichnet ein Wintergemüse.

A breiige Kartoffelspeise		P					
B islamisches Gebetshaus	M						
C Handtuch mit rauer Oberfläche	F						
D staatliche Streitkräfte	A						
E eingedickter Fruchtsaft	G						
F Getränk	T						

Lösungswort: ______________

Wörter mit langem *i*

Merkwissen Wörter mit langem i: ie, i, ih

Wörter mit ie: Mehr als drei Viertel aller Wörter mit lang gesprochenem i werden mit **ie** geschrieben, z. B.: *der Riese, niedrig, fliegen*. Das ist die häufigste, die „normale" Schreibweise.
Wörter mit i: Manchmal wird das lang gesprochene i durch den Einzelbuchstaben **i** wiedergegeben, z. B.: *mir, dir, wir, der Igel, das Klima, das Kino, der Liter*.
Wörter mit ih: Nur in einigen Personalpronomen wird der lange i-Laut als **ih** geschrieben: *ihr, ihm, ihn, ihnen, ihre*.

1 a Lies das Gedicht und markiere alle Wörter mit ie.
b Schreibe alle markierten Wörter richtig ab.

Dieter Mucke
Die einfältige Glucke

Dass Küken wachsen mit den Tagen
Nein, das konnt' sie nicht ertragen.

Solang sie klein und niedlich blieben
Ja, da waren sie die Lieben.

Da saß sie mit dem breiten Hintern
Die meiste Zeit auf ihren Kindern.

Sie hatte es am allerliebsten
Wenn sie nur ganz leise piepsten

Sodass sie jedes niederdrückte
Das sich nicht mehr zum Küken bückte.

Die ließen sich das nicht gefallen
Und sie war sehr enttäuscht von allen.

Worauf sie nur noch Eier mochte
Die Ruhe hielten und keiner kochte:

Sie saß mit ihrem kleinen Grips
Froh und zufrieden auf Eiern aus Gips.

2 Einige Verben haben in der Zeitform Präteritum ein ie. Vervollständige die folgende Tabelle.

Infinitiv	**Formen des Präteritums mit ie**	**Infinitiv**	**Formen des Präteritums mit ie**
raten	ich ______	schlafen	ich ______
______	du *riefst*	______	er *blieb*
halten	er ______	anweisen	ich ______
______	wir *rieben*	______	du *liefst*

3 Ergänze die Tabelle.

Nomen	Verben
Musik	*musizieren*
___	telefonieren
Protest	___
___	nummerieren
Diktat	___
___	frisieren
Kontrolle	___
___	studieren

Tipp Viele von Fremdwörtern abgeleitete **Verben** enden auf **-ieren**, z. B.: *subtrahieren, addieren, korrigieren*.

4 Wenn du die Buchstaben der Schüttelwörter richtig zusammensetzt, ergeben sich Nomen mit einfachem i. Es handelt sich dabei um häufig verwendete Fremdwörter. Schreibe sie auf.

MESCH + INA – Gerät, das Arbeitsgänge selbstständig verrichtet = *Maschine*

RU + EIN – Reste eines zerstörten oder verfallenen Bauwerks = *R* ___

ERP + LINA – Schokoladenkonfekt mit Füllung = *P* ___

OR + SEIN – getrocknete Weinbeere = *R* ___

LIOV + EIN – Geige = *V* ___

5 Entscheide: i oder ie?
Wenn du unsicher bist, schlage im Wörterbuch nach.

Kleine Säuget___re als bel___bte Hausgenossen

Wenn du d___r schon lange ein Haust___r wünschst, d___r jedoch noch unsicher bist, welches du auswählen sollst, dann l___st du d___r am besten d___se Tipps durch: Zum Verl___ben sind für Stadtkinder Goldhamster, Mäuse und Kan___nchen, denn man kann mit ihnen pr___ma sp___len. Auch Ratten sollen mitunter ganz poss___rliche T___rchen sein. Du musst dafür Sorge tragen, dass dein T___r regelmäßig etwas zu fressen kr___gt und du für seinen Käfig eine ruhige Stelle findest. Kläre immer frühzeitig, dass dein Tier in den Fer___en gut versorgt ist. H___rbei kommt es darauf an, dass n___mand überfordert wird. Keiner sollte am Ende sagen: „N___ w___der!“

Die Schreibung der s-Laute: *s*, *ss* oder *ß*?

Merkwissen Stimmhaftes und stimmloses s

Das stimmhafte s (= weicher, gesummter s-Laut): Manchmal spricht man das **s** weich und summend wie in *Sonne*, *Tausend* oder *seltsam*. Dann nennt man das **s** stimmhaft.
Das stimmlose s (= harter, gezischter s-Laut): Manchmal spricht man das **s** hart und zischend wie in *Gras* oder *küssen* oder *schließen*. Dann nennt man das **s** stimmlos.

1 Lies den Text und unterstreiche alle Wörter mit s-Laut.

Sommerurlaub

In diesem Jahr verbringt die Familie von Sebastian die Sommerferien wieder einmal an der Ostsee. Die Ferienwohnung liegt auf dem Darß und ist sehr gemütlich. Mittags isst Familie Hesse einen leckeren Salat und ein paar Käsebrote, die von der Reise übrig geblieben sind. Anschließend geht es an den Sandstrand.

Sebastian packt noch Süßigkeiten ein, Nussschokolade und etwas Kuchen. Susi nimmt das Buch mit, in dem sie gerade liest. Vater Hesse will die Zeitung durcharbeiten und Muscheln für seine Sammlung suchen. Am Nachmittag wird es am Strand so heiß, dass sich die Hesses unter ihren Sonnenschirm verkriechen müssen.

2 a Lies die unterstrichenen Wörter leise und schreibe hier alle Wörter auf, die einen stimmhaften s-Laut haben.

Sommerurlaub,

b Trage die Wörter mit einem stimmlosen s-Laut in diese Tabelle ein.

ß	ss	s
Darß	*isst*	*Sebastian*

Methode Verlängerungsprobe

Das stimmlose **s** wird mit einem einfachen **s** geschrieben, wenn du beim Verlängern des Wortes ein stimmhaftes **s** hörst, z. B.: *er reist* ⟶ *reisen*, *Glas* ⟶ *Gläser*, *Weisheit* ⟶ *weise*.
Für einige Wörter mit einfachem s am Wortende gibt es keine Verlängerungsmöglichkeit – es sind Merkwörter: *als, aus, heraus, bis, bisher, bereits, es, was, etwas, niemals, alles, anders, morgens*.

3 Verlängere und trage die richtige Schreibweise für den gesuchten s-Laut ein.

diese ____ – die *s*
____ – nervö__
____ – Prei__
____ – Bo__heit
____ – Auswei__
____ – er sau__t
____ – Gra__
____ – Hinwei__

Merkwissen ß nach langem Vokal oder Diphthong

Der stimmlose **s**-Laut wird nach einem betonten **langen Vokal oder Diphthong** (*ei, ai, au, äu, eu*) mit **ß** geschrieben, wenn er auch bei der Verlängerungsprobe stimmlos bleibt, z. B.:
Gruß ⟶ *Grüße*, *groß* ⟶ *größer*, *er heißt* ⟶ *heißen*.

4 a Unterstreiche in diesen Wörtern den langen Vokal oder den Diphthong.
b Verlängere und prüfe, ob das s stimmlos bleibt. Trage erst dann die richtige Schreibweise ein.

Spaß, spaßig ____ – Spa*ß*
____ – sie grü__t
____ – wei__
____ – Fu__
____ – es flie__t
____ – Flei__

5 Verlängere und trage ein: ß oder s? Verbinde jeden Satz mit einer der Figuren im Bild, die zum dazu passenden Märchen gehört.

A „Wer hat von meinem Gemü ? chen (____) gegessen?"

B „Ei, Gro ? mutter (____), was hast du für große Ohren?"

C „Im Schloss soll eine wunderschöne Königstochter, Dornrö ? chen (____) genannt, schon hundert Jahre schlafen."

D „Heute back ich, morgen brau ich, übermorgen hol ich der Königin ihr Kind! Ach, wie gut, dass niemand weiß, dass ich Rumpelstilzchen hei ? ." (____)

E „Gei ? lein (____), hört die raue Stimme. Das ist der Wolf!"

Merkwissen Doppel-s nach kurzem Vokal

Der stimmlose **s**-Laut wird **nach einem betonten kurzen Vokal** mit **ss** geschrieben, z. B.: *messen, die Nüsse*.

6 Trage die richtige Schreibweise ein und ergänze die passenden Reimwörter.

A Ella kann es gar nicht *fassen* ___,

Großmutter kauft sich neue Ta___.

B „Gib mir bitte einen Ku___,

weil ich doch jetzt gehen ___."

C Der Delphin macht eine ulkige Po*ss*___e

mit seiner linken, großen F___.

D Der Mensch i___, das Tier ___.

E Statt zu lernen, liegt Leni auf dem K___, das darf der Lehrer gar nicht w___.

F Mit der Arbeit ist jetzt Sch___, vor Freude springt Kim in den F___.

●●●7 ß oder ss?

a Sprich jedes Wort in Gedanken rhythmisch und prüfe: Langer oder kurzer Vokal?
Unterstreiche die langen Vokale und Diphthonge. Setze einen Punkt unter die kurzen Vokale.

er lä ? t Schwei ? drei ? ig Adre ? e drau ? en ein bi ? chen

be ? er Stra ? e intere ? ant na ? au ? erdem

b Schreibe jedes Wort in die richtige Spalte der Tabelle.

ß nach langem Vokal oder Diphtong	ss nach kurzem Vokal

c Bilde aus den Verben Nomen/Substantive.

beißen – *der Biss* ___ gießen – ___

fließen – ___ reißen – ___

8 Entscheide, wie der s-Laut richtig geschrieben wird. Ergänze ß oder ss.

Im Garten plantschen

Matthias und Paul haben ein Schwimmbecken im Garten aufgebaut – sie mü___en nur noch das Wasser einla___en. Beide Jungen schnappen sich Gie___kannen und schütten Wa___er in den Pool. Im Becken gibt es jetzt mehrere kleine Pfützen. So wird es ewig dauern, bis sie hineinspringen können. Paul bei___t sich auf die Lippe und denkt nach. Der Bi___ tut ein bi___chen weh. Schlie___lich schmei___t er die Gie___kannen in die Ecke und rei___t den Gartenschlauch herunter, um ihn aufzudrehen. Das Wa___er spritzt sprudelnd ins Becken. Die Jungen genie___en den Anblick des vollen Beckens. Der Genu___ wird noch größer, als sie gemeinsam hineinspringen. Sie haben nur leider verge___en, vorher den Schlauch abzudrehen. Der entsetzte Schrei des Nachbarn lä___t die beiden aufschrecken. Das Wasser hat sich in seine Blumenbeete ergo___en, die bla___roten Rosen stehen mit den Fü___en in einem gro___en Teich. O Schreck!

●●●9 s, ss oder ß? Ergänze richtig.
Tipp: Schlage im Wörterbuch nach, wenn du unsicher bist.

Maus auf Reisen

Al___ Stefan neulich morgen drau___en auf sein Fahrrad stieg, sah er eine Mau___ über die Stra___e flitzen. Bevor sie flug___ die Seite wechselte, blickte sie nach recht___ und link___. E___ war kein Auto zu___ehen, allerding___ bog ein Bu___ um die Ecke. Die Mau___ sau___te den Rinnstein entlang bi___ zur Buhaltestelle und wartete dort, bi___ der Bu___ hielt. Ein Nachbar von Stefan stieg au___, die kleine Mau___ flitzte hinein. Stefan grin___te, so etwa___ hätte er sich niemal___ träumen la___en. Er folgte dem Bu___, denn er wollte wi___en, wa___ die sü___e kleine Mau___ noch alle___ vorhatte.

Stefan verga___ über dieses kleine Abenteuer vollkommen, dass sein Tag eigentlich völlig ander___ geplant war. Er folgte dem Bus bis zur Endhaltestelle und pa___te bei jedem Halt genau auf. Keine Maus kam herau___. Da sah er sie – und mu___te furchtbar lachen.

Schwierige Wörter

Merkwissen V/v: Ein Buchstabe – zwei Laute

Das **V/v** ist ein außergewöhnlicher Buchstabe:
Häufig klingt er am Wortanfang wie ein **f**, z. B.: *Vollmond, viel.*
Manchmal spricht man ihn wie **w**, z. B.: *Ventilator, vegetarisch.*
Im Zweifelsfall musst du deshalb im **Wörterbuch** an drei verschiedenen Stellen nachschlagen:
unter **v** und **f** sowie **w**.

1 a Unterstreiche in diesem Text alle Wörter, in denen ein V/v vorkommt.

Erste Geige spielen

Es ist dreiviertel vier. Veronika hat Unterricht im Violinenspiel. Ihr Vater hat Visionen. Er hofft, dass die Tochter vielleicht einmal Violinistin wird. Veronika interessiert sich viel mehr für Viecher, sie hätte vor allem gern einen Vogel, nämlich einen Papagei. Im Unterricht versucht sie, das verflixt schwere Stück vorzuspielen. Die Lehrerin lauscht vergnügt. „Beginne lieber von vorn!“, ermutigt sie. „Vielleicht gelingt es dir dann besser!“

b Trage die unterstrichenen Wörter in die Tabelle ein.
Sprich sie leise aus und achte genau darauf, wie das V/v klingt.

v/V gesprochen wie f		v/V gesprochen wie w

2 Bilde je zehn Verben mit ver- und vor- und schreibe sie in dein Heft.

ver-
vor-

sehen, bleiben, ändern, laufen, fallen, geben, bitten, blühen, lassen, brauchen, legen, bergen, bringen, kommen, ärgern, liegen, stellen

Merkwissen ks: Ein Laut – fünf Schreibweisen (ks, cks, gs, chs, x)

Die Buchstabenfolgen *ks*, *cks*, *gs*, *chs*, *x* werden alle wie **ks** gesprochen.
Wörter mit **ks**, **cks** und **gs** kann man oft von einem verwandten Wort ableiten, z. B.:
Volksstamm ⟶ die Völker, Glückstreffer ⟶ glücken, rings ⟶ ringen.
Wörter mit **x** und **chs** musst du dir merken, z. B.: *Nixe, Ochse*.

3 Lies die Sätze und ergänze. Markiere jeweils das x.

Mit einem Boxer kann man *b* ___.

Mit einem Mixer kann man *m* ___.

Aber mit dem Taxi kann man nicht ___, sondern *f* ___.

Faxe kann man *f* ___, Texte kann man *t* ___,

aber Faxen kann man nicht *f* ___, sondern ___.

4 Kennst du diese Wörter mit chs? Schreibe sie auf.

 ___
 ___
 ___
 ___
 ___
 ___

5 x oder chs? Ergänze die fehlenden Buchstaben.
Tipp: Es ist fünfmal x und dreimal chs gefragt.

Tipp Wenn du unsicher bist, schlage im Wörterbuch nach!

Fa___en we___eln Sa___e A___t

Fla___ Le___ikon E___plosion ___ylophon

6 ks, cks oder gs? Wende die Ableitungsprobe (→ S. 63) oder die Verlängerungsprobe (→ S. 78) an, um die richtige Schreibweise des ks-Lautes zu klären.

du flie ? ⟶ *fliegen* = *du fliegst*

unter|we ? ⟶ *Wege* = ___

du we ? t ⟶ ___ = ___

Kle ? ⟶ ___ = ___

ta ? über ⟶ ___ = ___

du den ? t ⟶ ___ = ___

anfan ? ⟶ ___ = ___

län ? ⟶ ___ = ___

zwe ? ⟶ ___ = ___

du len ? t ⟶ ___ = ___

Teste dein Wissen!
Kurze und lange Vokale, s-Laute und schwierige Wörter

1 a Lies den Text.
b Erkläre die Schreibweise der markierten Buchstaben (A) bis (D). Schreibe ins Heft. (4 Punkte)

Erich Kästner
Die Konferenz der Tiere

Eines schönen Tages wurde es den Tieren (A) zu dumm. Der Löwe (B) Alois, der sich mit Oskar, dem Elefanten, und dem Giraffenmännchen Leopold wie immer freitags zum Abendschoppen am Tsadsee (C) in Nordafrika traf, sagte, seine Künstlermähne (D) schüttelnd: „O diese Menschen! Wenn ich nicht so blond wäre, könnte ich mich auf der Stelle schwarzärgern!"

2 Markiere alle Wörter oder Wortteile mit einem betonten kurzen Vokal und zwei oder mehreren Konsonanten. (29 Punkte)

Oskar, der Elefant, drehte sich unter dem eigenen [...] erhobenen Rüssel, woraus er, wie unter einer lauen Badezimmerdusche, den staubigen Rücken besprengte, räkelte sich faul und brummte etwas im tiefsten Bass vor sich hin, was die beiden anderen nicht verstanden.
Die Giraffe Leopold stand mit gespreizten Beinen am Wasser und trank in kleinen hastigen Schlucken. Dann meinte sie, ach nein, er: „Schreckliche Leute! Und sie könnten's so hübsch haben! Sie tauchen wie die Fische, sie laufen wie wir, sie segeln wie die Enten, sie klettern wie die Gämsen und fliegen wie die Adler, und was bringen sie mit ihrer Tüchtigkeit zustande?"

3 Streiche die falschen Schreibweisen durch. (5 Punkte)

„Kriege!", knurrte der Löwe Alois. „Kriege bringen sie zustande. Und Ref/w/volutionen . Und Streichs/ks/gs . Und Hungersnöte. Und neue Krankheiten. Wenn ich nicht so blond wäre, könnte ich mich auf der Stelle ..." „Schwarz ärgern", f/w/vollendete die Giraffe den Satz. Denn den kannten die Tiere der F/W/Vüste länkst/xt/gst auswendig.

4 s, ss oder ß? Trage ein. (9 Punkte)

„Mir tun blo___ die Kinder leid, die sie haben", meinte der Elefant Oskar und lie___ die Ohren hängen. „So nette Kinder! Und immer mü___en sie die Kriege und die Revolutionen und Streiks mitmachen, und dann ___agen die Gro___en noch: Sie hätten alle ___ nur getan, damit e___ den Kindern später einmal be___er ginge. So eine Frechheit, wa___?"

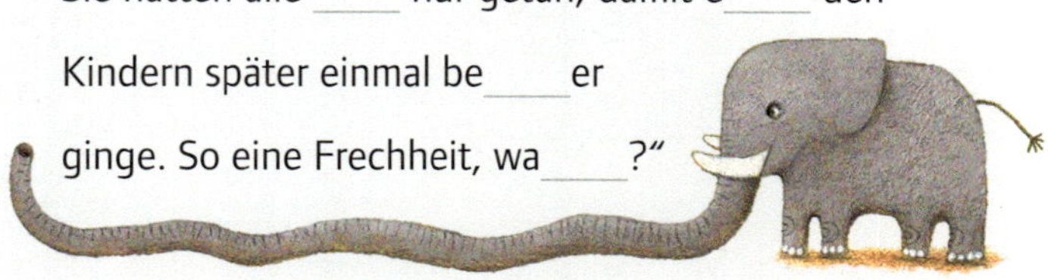

Vergleiche deine Ergebnisse mit dem Lösungsheft. Für jede richtige Antwort bekommst du einen Punkt.

☺ **47–34 Punkte**
Gut gemacht!

☺ **33–22 Punkte**
Gar nicht schlecht, aber lies dir die Merkkästen auf den Seiten 68 bis 82 noch einmal genau durch.

☹ **21–0 Punkte**
Arbeite die Seiten 68 bis 82 noch einmal genau durch.

Groß- und Kleinschreibung

Großschreibung

Merkwissen Großschreibung

Satzanfänge, **Namen** und **Nomen/Substantive** werden großgeschrieben.
Wörter, die auf *-heit, -keit, -nis, -ung, -tum, -schaft, -in* enden, sind immer **Nomen/Substantive** und werden deshalb großgeschrieben, z. B.: *die Freiheit, die Eitelkeit, das Zeugnis, die Zeichnung, der Reichtum, die Leidenschaft, die Polizistin*.

1 Bilde aus diesen Wortbestandteilen Nomen/Substantive und schreibe sie mit den richtigen Artikeln auf.

Sicher- Brauch- Beschäftig- Bescheiden- Ärger-
Gesund- Bitter- Versteiner- Freund- Wissen-
Finster- Frech- Geheim- Lehrer- Ergebnis-
Gleich- Höflich- Erzähl- Beleidig- Dunkel-

-in -nis -tum

-schaft -ung -keit -heit

●●●2 Im Gitterrätsel sind waagerecht ⟶ 10 und senkrecht ↓ 5 Nomen/Substantive mit Suffixen versteckt. Markiere sie und schreibe sie mit den Artikeln in dein Heft.

H	Ü	B	E	R	L	E	G	E	N	H	E	I	T	Ä	I	C	E	B	E
E	G	E	S	E	L	L	S	C	H	A	F	T	E	L	B	O	I	I	R
I	E	G	A	V	E	R	W	A	N	D	T	S	C	H	A	F	T	L	L
L	V	E	R	P	F	L	I	C	H	T	U	N	G	A	R	U	E	D	A
I	M	G	E	M	E	I	N	H	E	I	T	O	F	U	K	E	L	N	U
G	P	N	Ö	D	F	N	B	E	M	E	R	K	U	N	G	S	K	I	B
T	J	U	E	I	G	E	N	T	U	M	K	Ö	C	H	I	N	E	S	N
U	R	N	Z	O	W	K	R	A	T	L	O	S	I	G	K	E	I	T	I
M	U	G	E	S	C	H	I	C	K	L	I	C	H	K	E	I	T	V	S

Nomen erkennen

Merkwissen Nomen erkennen

Nomen/Substantive kann man meist an ihren Begleitwörtern erkennen: Diese gehen ihnen voraus (→ S. 27–32).
Begleitwörter sind:
- **Artikel** (bestimmter/unbestimmter), z. B.: *der Ball, ein Ball,*
- **Pronomen**, z. B.: *unser Ball, dieser Ball,*
- **Präpositionen**, die mit einem Artikel verschmolzen sein können, z. B.: *am (an + dem) Ball, beim (bei + dem) Ball,*
- **Adjektive**, z. B.: *bunte Bälle, zwei Bälle.*

Tipp: Im Satz steht nicht immer ein Begleiter vor einem Nomen. Wenn du in Gedanken einen Artikel ergänzen kannst, handelt es sich um ein Nomen, z. B.: *Manchmal fliegen Bälle weit.* ⟶ *die Bälle*

1 Schreibe mehrere Begleitwörter zwischen Artikel und Nomen.

eine *tolle, große, bunte, moderne* Tasche

eine ______ Hose

dieser ______ Ring

meine ______ Brieffreundin

dieses ______ Fahrrad

ihr ______ Kleid

2 Diese Meldung ist in Kleinschreibung von einer Nachrichtenagentur gekommen, sie soll fehlerfrei in der Tageszeitung erscheinen.

a Unterstreiche jedes Nomen/Substantiv mit seinen Begleitwörtern. Falls du unsicher bist, prüfe: Kannst du in Gedanken einen Artikel ergänzen?

b Schreibe die Meldung mit der richtigen Groß- und Kleinschreibung in dein Heft. Achte auch auf die Großschreibung von Satzanfängen und Namen (→ S. 84).

Fußball-WM in Südafrika:
Krake Paul orakelt die Niederlage der DFB-Elf gegen Spanien

VORSICHT, FEHLER!

das tintenfisch-orakel paul aus dem sealife-aquarium im ruhrgebiet hat eine niederlage der deutschen nationalmannschaft im halbfinale gegen spanien vorausgesagt. dem tintenfisch wurden zwei gläser mit muschelfleisch jeweils mit der deutschen und der spanischen flagge im wasser aufgestellt. nur wenige minuten später setzte sich paul auf den spanischen behälter, öffnete den deckel und verspeiste genüsslich das muschelfleisch. die anwesenden erstarrten vor schreck, denn damit entschied sich der oktopus gegen die deutsche fußballmannschaft. das ist eine bittere nachricht für die deutschen jungs, denn das tintenfisch-orakel gilt als sehr treffsicher. alle deutschen begegnungen der WM in südafrika hatte paul richtig vorhergeschmeckt.

Das Tintenfisch-Orakel Paul

Anredepronomen in Briefen und E-Mails

Merkwissen Anredepronomen in Briefen und E-Mails

Personen, die man siezt, werden mit den Anredepronomen *Sie, Ihnen, Ihre, Ihr* angesprochen, z. B.: *Wie geht es Ihnen?* Diese **höfliche Anrede** wird **großgeschrieben**.
Bei Personen, die man duzt, werden die Anredepronomen *du, dich, dir, ihr, euch, euer* in der Regel kleingeschrieben. Du kannst sie aber auch großschreiben, es ist nicht falsch.

Achtung: Achte in Briefen oder E-Mails genau darauf, ob es sich um eine höfliche Anrede (= großgeschrieben) oder um ein Personalpronomen (= kleingeschrieben) handelt, z. B.:

Eines müssen Sie wissen: Ich mag Tintenfische, weil sie so schlau sind.
(Sie: höfliche Anrede; sie: Personalpronomen)

1 Höfliche Anrede oder Personalpronomen?
Wähle die richtige Form aus und streiche die falsche Form durch.

Sehr geehrte Damen und Herren bei Sea Life,

mit Freunden diskutierte ich über die Fußballprophezeiungen des Tintenfisches Paul. Ich persönlich halte das für einen Scherz. Meine Freunde meinten, dass Sie/sie als Mitarbeiter eines Sea-Life-Aquariums es doch genau wissen müssten. Meine Freunde sagen, dass Tintenfische sehr intelligent seien, da Sie/sie neun Gehirne hätten. Ich kann das aber nicht glauben, Sie/sie doch sicher auch nicht, oder? Weiterhin behaupten Sie/sie, also meine Freunde, dass Sie/sie, also die Tintenfische, drei Herzen hätten. Nun bitte ich Sie/sie, mir mit Ihrem/ihrem Wissen diese Behauptungen zu bestätigen. Falls Paul wirklich weissagen kann, empfehle ich Ihnen/ihnen, ihm ein Weibchen an die Seite zu geben. Dann gäbe es vielleicht bald kleine Tintenfische und Sie/sie könnten mit Ihrem/ihrem von den Eltern geerbten Fähigkeiten zum Beispiel die Aktienkurse vorhersagen oder das Wetter oder meine Zeugnisnoten. Das wäre doch ein gutes Geschäft für Sie/sie, oder?

Mit freundlichen Grüßen
Max Schlaumeier

2 Trage in der folgenden E-Mail die fehlenden Anredepronomen ein.

Lieber Max,

gern beantworte ich ________ Fragen: Kraken haben nur ein Herz und ihre acht Arme steuern sie mit einem einzigen Gehirn. Und ________ hast recht, Paul kann in Wahrheit nicht hellsehen. Aber stell ________ vor: Kraken sind sehr intelligent, sie können den Weg durch ein Labyrinth finden und sogar Gläser öffnen!

Viele Grüße
Martin Wasserfreund
(Tierpfleger in der Abteilung „Kopffüßler")

Zeichensetzung

Das Komma bei Aufzählungen

Merkwissen Das Komma bei Aufzählungen

Aufzählungen können aus Wörtern oder aus Wortgruppen bestehen. Sie werden durch ein Komma getrennt, z. B.: *Eisbärweibchen sind liebevolle, fürsorgliche und interessante Wesen.*
Wenn die Aufzählungen durch Konjunktionen wie *und, sowie, oder, entweder … oder, sowohl … als auch* bzw. *weder … noch* verbunden sind, entfällt das Komma, z. B.:
Eisbären sind weder kuschelige noch ungefährliche Tiere.

1 a Unterstreiche in diesen Sätzen die Aufzählungen.
Tipp: Nur in einem Satz ist keine Aufzählung zu finden.
b Setze, wo nötig, die fehlenden Kommas.
c Markiere die Konjunktionen, vor denen kein Komma steht.

VORSICHT, FEHLER!

Das Leben der Eisbären

Eisbären leben entweder in der Nähe von Küsten oder in der Reichweite von Inseln in den Eisregionen der Arktis. Eisbären sind sowohl an Land als auch im Meer zu Hause. Die ausgewachsenen Tiere haben breite Schultern große Pfoten und kräftige Vorderbeine. Auffällig ist auch ihr sowohl langer als auch schmaler Kopf. Ihr Fell sieht weiß cremefarben oder gelblich aus. Es ist außerdem ölig kaum glänzend und wasserabweisend. Eisbären sehen jedoch nur aus der Ferne und nur in der Vorstellung vieler Menschen niedlich kuschelig sowie freundlich aus. In Wirklichkeit können sie sehr gefährlich werden – für ihre Artgenossen für andere Tiere und für Menschen. Während der Paarungszeit kämpfen die Eisbärmännchen um die Weibchen. Hierbei legen sie zunächst die Ohren an und senken ihren Kopf, um im nächsten Moment zu knurren zu fauchen und den Gegner aktiv anzugreifen. Der Kampf endet durch Aufgeben oder durch Flucht.

2 In diesem Text ist die Kommasetzung ziemlich durcheinandergeraten. Verbessere mit einem roten Stift:
a Setze die fehlenden Kommas in den Aufzählungen.
b Streiche die falsch gesetzten Kommas durch.

VORSICHT, FEHLER!

Die Weibchen bekommen alle drei Jahre Junge. Die Neugeborenen sind zunächst weder ansehnlich, noch flauschig. Vielmehr ähneln sie nackten Ratten, und sind beinahe federleicht. Erst nach etwa vier Wochen sieht man an Augen Fell, und Zähnen einen deutlichen Entwicklungsfortschritt. Nach ungefähr acht Wochen raufen sie, tollen herum, und bewerfen sich mit Schnee. Manchmal klettern sie auf ihre Mutter zupfen an ihrem Fell, oder rutschen an ihr herunter. Insgesamt gesehen ist das Eisbärleben für die Kleinen besonders gefährlich, denn sie können jederzeit von den Eisbärmännchen angegriffen oder aufgefressen werden.

Zeichensetzung in der wörtlichen Rede

Merkwissen Zeichensetzung in der wörtlichen Rede

Wörtliche Rede steht in **Anführungszeichen** (Redezeichen). Die Zeichensetzung ändert sich, je nachdem, ob der Redebegleitsatz vor, nach oder zwischen der wörtlichen Rede steht.
Der **Redebegleitsatz vor der wörtlichen Rede** wird durch einen Doppelpunkt von der wörtlichen Rede abgetrennt, z. B.:
Der Zoodirektor sprach in die laufenden Kameras: „Der Eisbär Knut hatte viele Fans."
Der **Redebegleitsatz nach der wörtlichen Rede** wird durch ein Komma von der wörtlichen Rede abgetrennt, z. B.: *„Eisbären sind meine Lieblingstiere", schwärmt Simone.*
Der **Redebegleitsatz zwischen der wörtlichen Rede** wird durch Kommas von der wörtlichen Rede abgetrennt, z. B.: *„Ich hoffe", betont Tanja, „dass die Eisbären überleben."*

1 Denke dir Sätze für die wörtliche Rede aus und trage sie in die Satzmuster ein.

Der Zoodirektor berichtet den Journalisten: „ ______________________________ ."

„ ______________________________ ", schwärmt Simone.

„ ____________________ ", betont Tanja, „ ____________________ ."

2 a Unterstreiche in diesen Sätzen die Redebegleitsätze.
b Setze, wo nötig, einen Doppelpunkt.
c Setze die fehlenden Anführungszeichen.

VORSICHT, FEHLER!

Eisbären vom Aussterben bedroht

Ich finde Eisbären ja sooo süß, schwärmt Tanja. O ja, Eisbärbaby Knut hätte ich am liebsten als Haustier genommen, ergänzt Simone. Sie fragt nach: Warst du damals im Berliner Zoo und hast dort Knut gesehen? Nein, leider nicht, bedauert Tanja, aber ich habe anderen Eisbärkindern beim Spielen zugesehen. Das hat echt Laune gemacht. Markus spitzt die Ohren und gibt zu bedenken Habt ihr schon davon gehört, dass eure Lieblingstiere vom Aussterben bedroht sind? Erzähle mal Genaueres!, fordert Tanja ihren Mitschüler interessiert auf. Markus führt aus Ich habe neulich gelesen, dass die Klimaerwärmung in der Arktis das Leben der Eisbären bedroht. Nach und nach verschwinden die Eismassen, die Jagdreviere der Tiere werden kleiner und die Kinderstuben der Eisbären verschwinden.

3 a Vervollständige die Redebegleitsätze mit treffenden Verben aus dem Wortfeld *sagen*.
b Füge die Satzzeichen der wörtlichen Rede ein.

Was kann man denn an der schwierigen Situation der Eisbären ändern? ____________ Tanja besorgt.

Vielleicht sollte man die Eisbärenjagd verbieten ____________ Markus.

Miriam ____________ Jeder Einzelne kann etwas zur Rettung der Eisbären beitragen, denn der Klimawandel ist eine Angelegenheit, die sich auf die gesamte Erde bezieht.

Ich hoffe ____________ Olaf, dass alle mithelfen werden, die Klimakatastrophe zu verhindern.

Teste dein Wissen!
Groß- und Kleinschreibung/Zeichensetzung

1 Wie lauten diese Regeln vollständig? Trage ein. (2 Punkte)

A Satzanfänge, Namen und Nomen werden ______________ geschrieben.

B Eine Reihe von Nomen erkennt man an den typischen Endungen:

____

2 Hier ist alles kleingeschrieben, auch die Satzanfänge. (16 Punkte)
a Unterstreiche alle Nomen und ihre Begleitwörter.
b Schreibe die Sätze verbessert auf die Zeilen darunter.

in den letzten jahren ist der urlaub auf dem bauernhof für familien mit kindern

In ____

____

zum besonderen erlebnis geworden. sie mögen besonders die freiheit und die natur auf dem land.

____

____

aber auch spannende unternehmungen wie übernachtungen im heu oder im stroh sind sehr beliebt.

____

____

3 Setze hier die fehlenden Satzzeichen der wörtlichen Rede und der Aufzählung. (5 Punkte)

Endlich sollte die lang ersehnte Reise für die nächsten großen Ferien geplant werden. Schon zweimal hatten Sandra und Tim ihre Eltern ermahnt: Wann setzen wir uns endlich zusammen und reden über die Reiseplanung? Bisher sind wir ja immer gern nach Italien Österreich oder in die Schweiz gefahren begann die Mutter das Gespräch. Ach, nicht schon wieder maulte Sandra wir könnten doch mal einen Abenteuerurlaub machen. Ohne mich rief der Vater entsetzt. Ich bevorzuge einen ruhigen Urlaub am Meer.

Vergleiche deine Ergebnisse mit dem Lösungsheft. Für jede richtige Antwort bekommst du einen Punkt.

☺ **23–17 Punkte**	☺ **16–11 Punkte**	☹ **10–0 Punkte**
Gut gemacht!	Gar nicht schlecht, aber lies dir die Merkkästen auf den Seiten 84 bis 88 noch einmal genau durch.	Arbeite die Seiten 84 bis 88 noch einmal genau durch.

Teste deinen Lernstand!

Wie kannst du mit der folgenden Einheit arbeiten?

1 Der folgende Test (S. 90–95) hilft dir zu erkennen, was du im Fach Deutsch schon alles gelernt hast: Was weißt du? Was kannst du? Wo bist du noch unsicher? Wo hast du Lücken? Du kannst mit dem Test verschiedene Bereiche prüfen:
- das **Verstehen von Texten** (Aufgaben Teil A),
- das **Schreiben von Texten** (Aufgaben Teil B),
- **Rechtschreibung** (Aufgaben Teil C) und
- **Grammatik** (Aufgaben Teil D).

Du kannst den Test am Ende des Schuljahres durchführen, wenn du wissen willst, ob du erfolgreich gelernt hast. Du kannst aber auch in der Mitte des Schuljahres testen, in welchen Bereichen du Schwächen hast und noch einmal besonders üben musst.

2 In dem Test begegnen dir verschiedene **Aufgabenarten**, z. B.: in einer Auswahl an möglichen Antworten die richtige ankreuzen (Multiple Choice), Lückentexte richtig ausfüllen, deine Meinung begründen oder Abbildungen erklären.

3 Lies die Texte und die **Aufgabenstellungen** immer sehr aufmerksam und überlege, bevor du z. B. vorschnell ankreuzt, ob du jeweils **genau verstanden** hast, was verlangt wird. Stelle Aufgaben, die du nicht auf Anhieb lösen kannst, erst zurück und bearbeite sie zum Schluss.

4 Du kannst deine Antworten mithilfe des Lösungsheftes selbst prüfen und anhand der erreichten Punktzahl deinen **Lernstand bewerten**. Vielleicht kannst du den Test auch zusammen mit einer Partnerin/einem Partner schreiben. Abschließend könnt ihr eure Fehlerschwerpunkte feststellen und beraten, was noch einmal geübt werden sollte.

Hundeberufe – Rettungshund oder Topmodel?

Fabian verdankt sein Leben der guten Nase eines Hundes. Der elfjährige Junge und sein Vater waren beim Skifahren von einer Lawine erfasst und unter einer meterhohen Schneedecke verschüttet worden. Nur mithilfe der Lawinenhündin Leila gelang es den Rettungskräften, Vater und Sohn rechtzeitig aufzuspüren und aus ihrem eisigen Gefängnis zu befreien. Leila, die vierjährige Schäferhündin, ist für ihre Aufgabe besonders geschult worden. Ihre Ausbildung zum Rettungshund dauerte ein Jahr. Sie musste täglich trainieren und mehrere Prüfungen ablegen.

Der Mensch verlässt sich nicht nur bei der Suche nach Verschütteten auf seinen „besten Freund“. Hunde helfen uns dabei, Schafherden zu hüten. Sie unterstützen mit ihrem feinen Geruchssinn die Polizei bei der Jagd nach flüchtigen Verbrechern und der Suche nach Vermissten. Wegen ihrer ausgesprochen guten Instinkte dienen die Vierbeiner uns schon seit Jahrtausenden als Wachhunde. Speziell trainierte Hunde verstehen sogar den Straßenverkehr: Sie führen blinde Menschen sicher über Fußgängerüberwege.

Heute werden Hunde kaum noch für harte Arbeit genutzt. Bei den Eskimos hat der Motor schon längst das Schlittengespann mit Huskys ersetzt. Dafür entstehen neue Hundeberufe. Denn Hunde helfen dem Menschen nicht nur, sie tragen auch zu unserer Unterhaltung bei. Schauspieler-Hunde wie z. B. „Kommissar Rex“ sind echte Serienstars im Fernsehen. Der Detektiv-Schäferhund zeigt uns im Film immerhin noch, was Hunde können, wenn er Gangster aufspürt und stellt. Inzwischen gibt es aber auch Berufe für Hunde, die mit den besonderen Fähigkeiten der Vierbeiner kaum noch etwas zu tun haben.

☐ Bei Tribella, der zweijährigen Windhündin, sieht der Arbeitstag ganz anders aus als bei Leila. Er beginnt mit einem parfümierten[1] Schaumbad der Marke „Doggy-Luxus". Eine spezielle Hundebetreuerin föhnt ihr anschließend das glänzende Fell in Form und legt ihr ein glitzerndes Halsband an. Nun wird das Hunde-Mannequin[2] in ein enges Edelkleid gezwängt, das auf Maß geschneidert ist. Mehr als 1000 Euro soll dieses Kleid eines exklusiven Hundemode-Designers[3] kosten. Der Kopfschmuck, ein Hütchen aus Seide mit Schleier, sitzt keck zwischen den Ohren der Hündin. Nachdem die Betreuerin schließlich eine Leine aus weißem Krokodilleder am Halsband befestigt hat, fährt sie mit Tribella zu einer Hunde-Modenschau, auf der die neuesten Trends der Hunde-Modewelt vorgestellt werden. Hier soll die Hündin auf dem Laufsteg[4] Werbung für die Hunde-Modemarke machen. Der Designer verspricht sich von der Schau gute Geschäfte: Die Ausgaben für Hunde-Luxusartikel steigen seit Jahren – eine echte Goldgrube.

Ob Tribella ihren Modelberuf mag, können wir sie leider nicht fragen.

1 parfümiert: duftend, Parfüm enthaltend

2 Mannequin: Model; Frau, die Mode vorführt

3 Designer: jemand, der Gebrauchsartikel (wie z. B. Kleider) gestaltet

4 Laufsteg: hoher, schmaler Steg, auf dem Models neue Kleider vorführen; Catwalk

A Den Text verstehen

Lies den Text über die Hundeberufe und löse die folgenden Aufgaben.
Beachte, dass bei Multiple-Choice-Aufgben immer nur eine Lösung richtig ist.

Aufgabe 1

Kreuze die richtige Antwort an: Bei dem Text handelt es sich um … **1 Punkt**

A ☐ Werbung für den Hundeberuf Model.

B ☐ eine spannende Erzählung über Fabians Rettung aus dem Schnee.

C ☐ einen Sachtext über einen Arbeitstag von Model-Hunden.

D ☐ einen Sachtext über unterschiedliche Berufe für Hunde.

☐ Punkte

Aufgabe 2

Der Text hat vier Absätze. Nummeriere sie und trage die richtige Nummer hier ein. **4 Punkte**
Welche Überschrift passt zu welchem Absatz?

A ☐ Hundeberufe im Wandel

B ☐ Retter auf vier Pfoten

C ☐ Mit der Leine auf den Laufsteg

D ☐ Freunde und Helfer

☐ Punkte

Aufgabe 3

Kreuze die richtige Antwort an. Worum geht es im Text? **1 Punkt**

A ☐ Zwei Hundeberufe werden einander gegenübergestellt.

B ☐ Sieben Hundeberufe werden vorgestellt.

C ☐ Hunde werden mit Menschen verglichen.

D ☐ Hunde werden als Menschen dargestellt.

☐ Punkte

Aufgabe 4

Welche Aufgabe hat welcher Hund? Ordne den Erklärungen die Hundeberufe zu. **5 Punkte**
Trage die Ziffer des Hundeberufs direkt neben der Erklärung ein.

A Er bewacht das Grundstück. ☐	**1** Rettungshund
B Er spürt verschüttete Menschen auf. ☐	**2** Hütehund
C Er hilft Sehbehinderten, sich sicher zu bewegen. ☐	**3** Polizeihund
D Er hilft, Schafe beieinander zu halten. ☐	**4** Wachhund
E Er jagt und stellt Verbrecher. ☐	**5** Blindenhund

☐ Punkte

Aufgabe 5

Kreuze die richtige Antwort an. **1 Punkt**

A ☐ Hunde spielen in Fernsehserien häufig Wachhunde.

B ☐ Hunde spielen nicht in Fernsehserien mit.

C ☐ Hunde zeigen in Fernsehserien die Fähigkeiten echter Hunde.

D ☐ Hunde zeigen in Fernsehserien, dass sie gut gehorchen können.

☐ Punkte

Aufgabe 6

Kreuze die richtige Antwort an. **1 Punkt**

A ☐ Modeartikel für Hunde sind günstig.

B ☐ Modeartikel für Hunde kann sich niemand leisten.

C ☐ Der Modedesigner für Hunde verdient 1000 Euro mit einer Modenschau.

D ☐ Ein Hundekleid kann um die 1000 Euro kosten.

☐ Punkte

Um folgende Aufgaben zu lösen, musst du die entsprechenden Textstellen noch einmal genau lesen.

Aufgabe 7

Warum gibt es kaum noch Schlittenhunde? Schreibe einen vollständigen Satz mit eigenen Worten. **1 Punkt**

____

______________________________ ☐ Punkte

Aufgabe 8

Wie nennt man Menschen, die Gebrauchsartikel gestalten? **1 Punkt**

______________________________ ☐ Punkte

Aufgabe 9

Kreuze die richtige Antwort an. Das Wort „keck“ (Z. 44) bedeutet: **1 Punkt**

A ☐ zart, zierlich

B ☐ unpassend, ungeschickt

C ☐ flott, frech

D ☐ lustig, locker

☐ Punkte

B Eine Stellungnahme schreiben

A ☐ „Warum sollen Hunde nicht genauso gut aussehen dürfen wie Menschen? Frauchen und Herrchen können sich auf einer Hunde-Modenschau das Passende für ihren Liebling aussuchen. Das finde ich gut."

B ☐ „Ich finde es sehr herzlos, für Geld und Mode so mit Tieren umzugehen. Die armen Hunde sind diesen Modemachern ausgeliefert. Das ist keine Tierliebe."

Aufgabe 10

20 Punkte

a Lies die beiden Kommentare zum Hundeberuf Model.
Kreuze die Meinung an, die du selbst auch vertreten kannst: A oder B.

b Begründe deine Meinung zu dem Hundeberuf Model. Beachte folgende Punkte:
Kreuze zuerst in der Auflistung unten Begründungen an, die dich überzeugen.
Du kannst dir selbst auch eigene Begründungen einfallen lassen.
Verwende Wörter wie *weil, da, denn, deshalb,* um deine Begründungen einzuleiten.

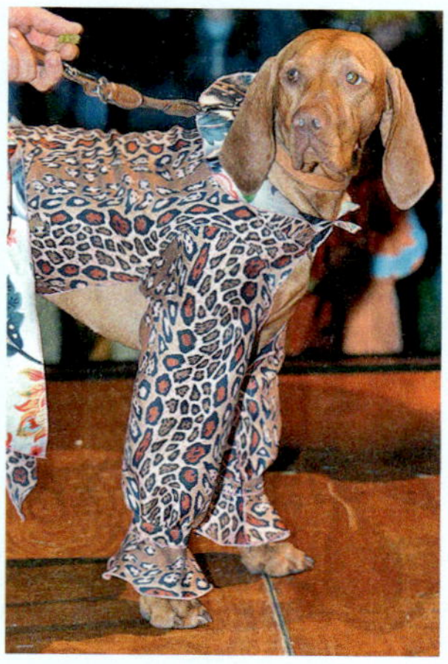

- ☐ Bei kaltem Wetter wärmt und schützt Kleidung den Hund vor Krankheiten.
- ☐ Mit schöner Kleidung für den Hund kann der Mensch zeigen, wie gern er ihn hat.
- ☐ Es macht Hunden Spaß, wenn sie Aufmerksamkeit bekommen.
- ☐ Es widerspricht der Natur des Hundes, wenn man ihn wie einen Menschen behandelt.
- ☐ Hunde werden gequält, wenn man sie in Kleidung zwängt und auf den Laufsteg schickt.
- ☐ Es gibt Sinnvolleres, für das man Geld ausgeben kann.

Du kannst insgesamt 20 Punkte für die Lösung der Aufgabe bekommen:
2 Punkte für die Formulierung deiner Meinung (Thema), je 2 Punkte für Begründungen aus der Liste, 4 Punkte für eine eigene Begründung und je 2 Punkte für Satzgefüge mit Verknüpfungswörtern (Konjunktionen).

☐ Punkte

C Rechtschreibung

Aufgabe 11

12 Punkte

Nach seiner Rettung aus dem Schnee durfte Fabian die Schule für Lawinenhunde besuchen. Für die Schülerzeitung hat er sein Erlebnis aufgeschrieben. Sein erster Entwurf enthält noch einige Fehler. Unterstreiche die falsch geschriebenen Wörter im Text und verbessere sie in der rechten Spalte.

Rettungshund Leila

Der Hundefürer Andreas hat mir erzählt, wie er Leila zum Lawinenhund ____________

ausgebildet hat. Zunächst muss man den richtigen Hund aussuchen. ____________

Künftige Retungshunde müssen mindestens 20 Monate alt sein. Sie müsen ____________

gerne mit Menschen zusamen sein. Ihren Hundefürern müssen sie aufs ____________

Wort gehorchen, damit sie im Ernstfall schnel reagieren können. Andreas ____________

hat Leila dan mithilfe von testpersonen darauf trainiert, menschen im ____________

Gelände unter Schneedecken zu erschnüffeln. Zur Belohnung bekam ____________

Leila immer einen keks. Außerdem musste Leila lernen, dass sie sich nicht ____________

von anderen tieren und Geräuschen bei ihrer aufgabe stören lassen darf. ☐ Punkte

D Grammatik

Aufgabe 12

7 Punkte

Fülle in die Lücken des folgenden Textanfangs die passenden Verben.
Setze den Text dabei ins Präteritum.

verfolgen springen bleiben bellen ziehen schnüffeln verlieren

Polizeihund Benno

Die Polizei setzte eine Hundestaffel bei der Suche nach zwei Räubern ein. Spürhund Benno ____________ die Flüchtigen. An einem Bach ____________ der Hund kurzzeitig die Spur. Dann jedoch ____________ er seinen Hundeführer zu einer kleinen Hütte. In einigem Abstand ____________ Benno stehen und ____________ in der Luft. Dann ____________ er mit einem gewaltigen Satz hinter einen Holzstoß und ____________ laut. Hier hatten sich die Gesuchten versteckt. ☐ Punkte

Aufgabe 13

Setze in der Fortsetzung des Textes die folgenden Beispiele im richtigen Kasus in die Lücken. **8 Punkte**
Notiere dahinter um welchen Kasus es sich handelt:
N = Nominativ, D = Dativ, A = Akkusativ oder G = Genitiv.

der Hund sie Verstärkung die eingetroffenen Polizisten der Holzstoß

Handschellen die Räuber viele Blaulichter

Der Hundeführer rief _______________ [ ] herbei.

Benno hielt _______________ [ ] durch sein lautes Bellen in Schach.

Bald konnte man das Blitzen _______________ [ ] sehen.

_______________ [ ] legten den Verbrechern _______________ [ ] an. Die Beute entdeckten _______________ [ ] schnell hinter _______________ [ ]. Auch dieser Fund war der guten Nase _______________ [ ] zu verdanken.

Zur Belohnung gab es leckeren Hundekuchen. [ ] Punkte

Aufgabe 14

Bestimme die unterstrichenen Satzglieder im folgenden Textausschnitt. **16 Punkte**
Trage die Nummern der Satzglieder an der richtigen Stelle in die Tabelle ein.
Achtung: Einige Satzglieder in der Tabelle erhalten mehrere Nummern.

Spürhunde wie Benno sind wegen ihrer guten Nase (1) wichtige Helfer der Polizei. Polizeihunde (2) jagen (3) nicht nur Verbrecher (4). An Flughäfen und Grenzübergängen (5) helfen (6) sie den Beamten (7), Schmuggelware und Drogen (8) aufzuspüren. Voller Neugier (9) erschnüffeln (10) sie jede gesuchte Substanz (11). Dabei finden sie (12) auch in raffinierten Verstecken und Verpackungen (13) verbotene Dinge. Jedes Jahr (14) legen (15) die Polizeihunde eine Prüfung ab, um zu zeigen, dass sie den Anforderungen (16) noch gewachsen sind.

[ ] Punkte

Satzglieder	Nummer	Satzglieder	Nummer
Subjekt		adverbiale Bestimmung des Ortes	
Prädikat		adverbiale Bestimmung der Zeit	
Dativ-Objekt		adverbiale Bestimmung der Art und Weise	
Akkusativ-Objekt		adverbiale Bestimmung des Grundes	

Textquellenverzeichnis

23 Pumphut. Aus: http://www.lausitzer-portal.de/sagen.php (Download 8.11.11); **27** Stock, Oskar: Übers Wetter. Aus: Wie im richtigen Leben, Attenkofer'sche Buch- u. Kunstdruckerei, Straubing 2006; **32** Busch, Wilhelm: Fink und Frosch. Aus: Hochhuth, Rolf (Hrsg.): Wilhelm Busch. Sämtliche Werke und eine Auswahl der Skizzen und Gemälde in zwei Bänden. Und die Moral von der Geschicht. (Band 1) Was beliebt ist auch erlaubt. (Band 2). C. Bertelsmann Verlag, München 1982; **35** Stock, Oskar: Der Regenschirm. Aus: Aus dem Poeten-Schubladl von Oskar Stock. Gedichte. Zeichnungen Hannes Riebl. 4. Aufl., Riemerling/Ottobrunn: Hornung, 1997; **60** „Der Kindersitz gibt ...". Aus: Golluch, Norbert: Willi wills wissen. Voll sicher im Straßenverkehr. Baumhaus-Verlag, Frankfurt am Main 2009, S. 11; **61** Busch, Wilhelm: Wenn das Rhinozeros ... Aus: Hochhuth (Hrsg.): Ebd., (Band 2), S. 720; **68** Auer, Martin: Zufall. Aus: Kliewer, Heinz-Jürgen (Hrsg.): Die Wundertüte. Alte und neue Gedichte für Kinder. Reclam Verlag, Stuttgart 2001, S. 246; **72** „Bastelanleitung für die Lokomotive von Lukas und Jim Knopf". Aus: Barff, Ursula; Burkhardt, Inge; Maier, Jutta: Das große farbige Bastelbuch für Kinder. Falken Verlag, Niedernhausen 1990, S. 122 (sprachlich abgeändert); **75** Mucke, Dieter: Die einfältige Glucke. Kliewer, Heinz-Jürgen (Hrsg.): Die Wundertüte. Alte und neue Gedichte für Kinder. Reclam Verlag, Stuttgart 2001, S. 214; **83** Kästner, Erich: Auszüge aus: Die Konferenz der Tiere. Hamburg, Dressler Verlag 2010, S. 9–11; **87** Das Leben der Eisbären. Aus: Pope Osborne, Mary; Osborne, Will; Pope Boyce, Natalie: Das große Forscherhandbuch. Loewe Verlag GmbH, Bindlach 2009, S. 149 ff.

Bildquellenverzeichnis

Illustrationen
Nils Fliegner, Hamburg: 26, 27, 32, 33, 35
Christiane Grauert; Milwaukee (USA): 4–10, 13, 16, 18, 20, 68, 69, 70–76
Konstanze von Kitzing, Köln: 77–80, 82, 83
Uta Bettzieche, Leipzig: 39, 40, 41, 43, 86
Christine Henkel, Dahmen: 45, 50, 56
Susann Hesselbarth, Leipzig: 59, 61–67

Weitere Bildquellen
12 picture-alliance/Klaus Nowottnick, Frankfurt am Main; **14** oben: ullstein Bild – Imagebrocker.net, unten: © Magalice – Fotolia.com; **15** Thomas Schulz, Teupitz; **19** © Ilan Amith-Fotolia.com; **20** unten: © Tilio & Paolo-Fotolia.com; **21** picture-allaince/dpa, Frankfurt am Main; **30** oben: © Angela Köhler – Fotolia.com, unten: © picture-alliance/dpa; **31** oben: © picture-alliance/Hinrich Bäsemann, unten: © Rüdiger Jahnke – Fotolia.com; **42** © picture-alliance/dpa; **46** oben: © Richard Carey – Fotolia.com, unten: © Duncan Noakes – Fotolia; **47** © wolfganguphaus – Fotolia.com; **48** © picture-alliance/Bildagentur Huber; **49** © Eric Isselée – Fotolia.com; **53** © Uwe Graf – Fotolia.com; **54** © Norman Chan – Fotolia.com; **55** © StefanieB. – Fotolia.com; **57** © ladywearsblack; **60** © Gina Anders – Fotolia.com; **76** © fivespots – Fotolia.com; **81** © picture-alliance/ZB; **85** © picture-alliance/dpa; **87** © bierchen – Fotolia.com; **88** © picture-alliance/dpa; **90** © picture-alliance/dpa/dpaweb; **91** © picture-alliance/dpa; **93** © picture-alliance/dpa/dpaweb; **94** © picture-alliance/OKAPIA KG, Germany; **95** © picture-alliance/dpa

Impressum

Die Grundlage für dieses Werk wurde erarbeitet von Jan Diehm, Cordula Grunow, Angela Horwitz, Angela Mielke, Kerstin Muth, Vera Potthast, Irmgard Schick, Bernd Schurf, Sandra Simberger und Andrea Wagener.

Redaktion: lüra-Klemt & Mues GbR, Wuppertal; Susanne Schulze
Bildrecherche: lüra-Klemt & Mues GbR, Wuppertal; Angelika Wagener
Gesamtgestaltung und technische Umsetzung: Studio Syberg, Berlin

www.cornelsen.de

1. Auflage, 2. Druck 2013

Alle Drucke dieser Auflage sind inhaltlich unverändert und können im Unterricht nebeneinander verwendet werden.

Druck: Stürtz GmbH, Würzburg

ISBN 978-3-06-061994-8

Inhalt gedruckt auf säurefreiem Papier aus nachhaltiger Forstwirtschaft.